理學名著注解叢書

延平答問注

方旭東　盧　一　王海巖　胡泉雨　編著

華東師範大學出版社

圖書在版編目（CIP）數據

延平答問注／方旭東等編著．—
上海：華東師範大學出版社，2021
ISBN 978－7－5760－1184－5

Ⅰ．①延…　Ⅱ．①方…　Ⅲ．①
朱熹（1130-1200）—
哲學思想—研究　Ⅳ．①B244.75

中國版本圖書館 CIP 數據核字（2021）第 075680 號

延平答問注

編　　著　方旭東　盧　一　王海巖　胡泉雨
責任編輯　呂振宇
責任校對　時東明
裝幀設計　劉怡霖

出版發行　華東師範大學出版社
社　　址　上海市中山北路3663號　郵編　200062
電　　話　021－60821666　行政傳真　021－62572105　客服電話　021－62865537
網　　址　www.ecnupress.com.cn
門市地址　上海市中山北路3663號華東師範大學校内先鋒路口　郵編　200062
門市（郵購）電話　021－62869887
網　　店　http://hdsdcbs.tmall.com

印 刷 者　上海昌鑫龍印務有限公司
開　　本　890毫米×1240毫米　1/32
印　　張　8.875
字　　數　147千字
版　　次　2022年10月第1版
印　　次　2022年10月第1次
書　　號　ISBN 978－7－5760－1184－5
定　　價　60.00元

出 版 人　王　焰

（如發現本版圖書有印訂質量問題，請寄回本社客服中心調換或電話021－62865537聯繫）

目録

凡例……一
導言……一
延平答問……一
一……一
二……三
三……五
四……七
五……九
六……二一
七……二四

八……一六
九……一八
一〇……二〇
一一……二三
一二……二八
一三……二九
一四……三一
一五……三三
一六……三五
一七……三九
一八……四一
一九……四二
二〇……四三

二一……四六
二二……四八
二三……五一
二四……五二
二五……五三
二六……五六
二七……五九
二八……六一
二九……六二
三〇……六四
三一……六五
三二……六七
三三……六八

三四……六九
三五……七〇
三六……七二
三七……七四
三八……七五
三九……七七
四〇……八〇
四一……八二
四二……八五
四三……八九
四四……九〇
四五……九一
四六……九二

四七……九四
四八……九五
四九……九六
五〇……一〇三
五一……一〇四
五二……一〇六
五三……一〇七
五四……一一一
五五……一一三
五六……一一四
五七……一一六
五八……一一八
五九……一二〇

六〇……一二一
六一……一二五
六二……一二九
六三……一三一
六四……一三三
六五……一三四
六六……一三五
六七……一三六
六八……一三八
六九……一三九
七〇……一四〇
七一……一四一
七二……一四二

附録一　延平李先生答問後録……一四三
附録二　延平答問補録……一五二
附録三　延平李先生年譜……一八三
附録四　序跋書目……一九〇
延平答問關鍵詞索引……二〇八
參考文獻……二二一
後記……二三〇

凡例

一　本書注釋延平答問，計分原文、注釋和附録三部分。

二　因延平答問已有朱子全書校點本，且該本覈校精詳，故本書之原文部分與附録中延平李先生答問後録即以之爲底本。又全書本之校勘雖搜訪審備，然尚未參及日本正保三年風月宗智刊本，故今復以此本爲對校本，又將此本之延平答問補録增添於附録中。校記體例一遵全書本之舊，惟將校記併入注釋中，以便參稽；原文標點亦多從全書本，但其中有疑者，則偶據一愚之得改之而復出脚注。

三　延平答問原有分段，今爲查閲索引之便，分别標以序號。

四　原文中之人名、書名、典故等有重複出現者，但於首見時出注，其後再見時則標明參見某條某注。

五　毛念恃延平李先生年譜頗有價值，今據清乾隆十年滏陽張坦重刻延平楊羅李朱四先生年譜本録入，附於書後，供讀者參考。其中李侗傳已見周木補録，故略去。

六　本書注釋和附録部分有旁參他書者，悉將其書名、著者及版本諸項列於本書之參考文獻中。其中屬近現代人著述者，則將所參考之書名及具體頁碼以脚注形式出於相關内容之左；另如漢語大詞典等基本工具書及古籍（含校點整理本），則不一一注明。

七　本書所引用之四書原文均取自朱熹之四書章句集注，並採用其所劃分之章節，以方便讀者查詢。

導言

延平答問，係朱熹向李侗問學過程中雙方往來書劄的彙編。由於李侗一生「不著書，不作文」①，故延平答問是後世學者研究李侗思想（主要是晚年思想）以及其思想對朱熹思想的影響最具有參考價值的文獻資料。該書記載了李侗的許多重要思想，特別是他的哲學思想，如「靜中體驗未發」、「理一分殊」、「灑落氣象」，等等。通過延平答問，還可以瞭解李侗與朱熹在思想上的異同。朱熹是延平答問一卷本的輯訂與傳播者，成書②流傳以後，

---

① 李延平集卷三，第四八頁。另按：傅小凡在朱子與閩學「李侗生平介紹」中嘗提及李侗主要著述三種：蕭山讀書傳、論語講説、讀易管見，且將延平答問稱作李侗的「語録」（第一五〇頁脚注）。今本李延平集卷一收有延平「書」八封、「行狀」一篇、「詩」三首，由此可見，李侗並非真的不著書、不作文，特未及手訂成書而已。其著作今多佚。

② 關於延平答問（朱熹手訂本）的成書時間，嚴佐之在校點説明中指出有二説：一據答問輯録書劄的始迄年月，推斷在隆興二年（一一六四）；一據朱熹答羅參議書透露的信息，考訂在隆興元年（一一六三）八月下旬至九月上旬之間。（朱子全書第一三册，第三〇三頁）

朱熹又是該書最早的研究者，其與門人胡季隨第十三、十四書可見一二。延平答問一書不僅是研究李侗思想的重要材料，也是研究朱熹早年思想的重要依據，在理學史上，其重要性不言而喻。延平答問還爲後人提供了李侗日常生活及其與愛徒朱熹交往的諸多細節。①借此，可窺中古知識人，尤其理學家的生活世界。是書雖篇幅短小，但其中頗涉理學名相，間有俚詞俗語，實有注釋之必要，庶幾可爲初學者掃除閱讀障礙，亦省專業研究者查考之功。限於學識，難免挂一漏萬，不當之處，尚祈讀者指正。

一　延平答問的版本與結構

延平答問自朱子親自輯訂的一卷本開始，一直到民國間，至少有二十多個刻本。國外

① 劉承相在朱子早年思想的歷程中說：「今按延平答問，自朱子年二十八丁丑年始，至其年三十四癸未年李延平卒之前七年之間兩人通書不斷。由此觀之，關於朱子與李延平關係可做如下勾勒：其一，癸酉之會乃朱子只以『父執』拜訪李延平而初無師事之意，但官滿歸後通書質正乃因癸酉所戒而發。特別是，這次一見乃是朱子思想脫離佛老、專意聖學的一大轉變契機。因此，朱子癸酉之受李延平的影響不可否認。其二，據延平答問則自丁丑之歲朱子『就有道正焉』之誠已傾向於李延平可知，並且翌年再見之後，又幾次及門從學。戊寅之歲可謂朱子積極從學李延平的轉換時期。」（第一六八頁）

也有許多的刻本。「然而，該書流傳過程中各種版本之間歷來體系不同，且文字出入較多。因而，其流傳過程中留下了不少問題。」①當然，其中的内容結構亦有差異。

延平答問首次編輯的版本是朱子親自輯訂的，這個最初本子的内容，首起「丁丑六月二十日書」，末終「癸未七月二十八日書」，又附入「與劉平甫書」二則，合爲一卷。後來，朱子的門人又摘録朱子平時論及李延平的語録，以及朱子爲李延平寫的祭文和行狀，作爲附録一卷，與前一卷本合刊於世。直到明代的弘治年間，嚴州（今浙江杭州轄）周木重新校刊延平答問，又從朱子大全等書中輯録出相關文字，別爲補録（又稱續録），與前面的兩卷合併刊行。後來的各個刻本，均依上述三種内容刊刻印行。嚴佐之先生在延平答問的校點説明中就説得很詳細：

延平答問在宋代已知曾有三次刊印。嘉定七年北海王耕道姑孰郡齋刊本最爲知名，是後世諸刊的祖本，嘉定九年曹彦約益昌學宫本即據之重刊，但參校了另一個宋建陽麻沙印本。三種宋刻均早亡佚，好在姑孰本因明周木的重刊而獲得再生。明代在周木之前還有一個延平郡庠刊一卷本延平李先生書中要語，因周木稱之「近刻」，估計宜在明成化間或再早一些。這兩個明本今亦不存，好在有了與

① 劉承相：朱子早年思想的歷程，第一八七頁。

周木刊本一脈相傳的正德間李侗裔孫李習刊本、萬曆間書林熊尚文知本堂刊本，以及相當於崇禎時期的日本正保三年風月宗智刊本。只是李習本僅殘剩補録一卷，且皆不易訪求。清代諸本可分兩個系統。一爲直承李習刊本的康熙四十七年延平府周元文刊本，及其在乾隆年間的修補印本和光緒初的張其曜重刊本。康熙原刻、乾隆補刻本至今亦已難見，各館所藏多爲光緒重刻本。另一種是無周木補録的版本，如康熙中禦兒吕氏寶誥堂刻朱子遺書本、乾隆間四庫全書本，以及光緒間賀瑞麟刊西京清麓叢書本朱子遺書重刻合編等，都比較常見而通行。寶誥堂本和四庫本均未言明版本來源，但考校其文字，可知寶誥堂本仍緣自周木刊本。除單刻外，答問還被收入延平文集，清康熙間張伯行正誼堂叢書本延平文集較通行，據考，其與周木刊本也有淵源關係。①

① 朱子全書第一三册，第三〇四—三〇五頁。另按：嚴佐之先生的這個校點説明，有些地方要稍加注釋。一是時間紀年：「嘉定」，南宋寧宗趙擴年號，時間在一二〇八—一二二四年，據此推算，「嘉定七年」應是一二一四年，「嘉定九年」應是一二一六年。二是部分刻書者：一、王耕道，北海人，嘉定間攝姑孰郡事。二、曹彦約（一一五七—一二二八），字簡甫，號昌穀，南康軍都昌（今屬江西九江）人，淳熙八年進士，南宋大臣。曾從朱熹講學，後受召負責漢陽軍事，因部署抗金有方，改知漢陽。後累官寶謨閣待制，知成都府。嘉定初，爲湖南轉運判官，後任利州路（今屬陝西）轉運判官兼知利州。寶慶元年，擢爲兵部侍郎，遷禮部侍郎，不久又授兵部尚書，力辭不拜，後以華文閣學士致仕，卒謚「文簡」。三、周木，字近仁，琴川（今屬江蘇常熟）人，成化十一年（一四七五）進士。四、周元文，字洛書，遼左金州人，漢軍正黄旗，曾任臺灣知府，重修編訂臺灣府志。五、張其曜，浙江會稽人，活動主要在清光緒年間，曾任延平府知府。六、賀瑞麟（一八二四—一八九三），字角生，清末著名理學家、教育家、書法家。十八歲中秀才，後受（轉下頁）

在嚴先生的這篇校點説明中，提到了後世刊本的「祖本」，即王耕道的「姑孰本」，惜已亡佚。現在我們所能看到的與祖本最爲接近的刻本應數周木所刻的本子，①周木還親自爲該刻本寫了序。② 正如嚴先生所説，後來多個版本的延平答問均與周木本有著淵源關係。清康熙間張伯行正誼堂全書本和乾隆間四庫全書本都與「周木本」有著或多或少的淵源聯繫。

（接上頁）業於關學大儒李桐閣，與山西芮城薛於瑛、朝邑楊樹椿並稱「關學三學正」。同治九年（一八七〇）創立正誼書院，主講二十年，學兼體用，精研程朱之道，集理學之成。他又精於書法，行楷兼備，臨潼華清池樂善亭記碑堪稱代表。三是關於「麻沙本」，閩本之一種，出自建陽麻沙鎮，故名。鎮上刻工聚居，書坊林立，當時與鄰近崇化鎮並稱「圖書之府」（方輿勝覽卷一一）。建本中以此爲大宗。朱子謂：「建陽麻沙版本書籍行四方者，天遠無不至。」（嘉和縣學藏書記）清查慎行有詩云：「江西估客建陽來，……麻沙坊裏販書回。」朱彝尊詩亦有「恣讀麻沙坊裏書」句。可見其流傳之廣，影響之深。其字體筆劃起筆、轉筆、止筆都有棱角，風格特殊，與他本不同。由於坊賈射利，印書濫而不精，訛誤較多，在各本中最爲劣下。陸遊老學庵筆記卷七已鄙棄之。周煇清波雜誌卷八謂：「若麻沙本之差舛，誤後學多矣。」當今所傳麻沙本，已稱爲善本。（摘自陳冠明中國古典文獻學，第四九—五〇頁）

① 周木本最大的特點在於他將「延平郡學刻本」與「嘉定本」互相校勘，並添加自編「補録」，於弘治八年（一四九五）刻行於嚴郡。周木以延平郡學本稱作「近本」，且校勘多達二百三十餘處。該部分論述詳見劉承相朱子早年思想的歷程，第一九〇— 一九一頁（含脚注）。

② 該序文可詳參陸建華、嚴佐之校點延平答問之附録，朱子全書第一三册，第三五五— 三五六頁。

自朱子親自編輯延平答問（初爲一卷本）至今，在近千年的時間裏，又留下許多的刻本，而且每次的校刊印刻多會增加或删去某些内容。從各個時期的版本情況來看，我們可以得出以下幾點結論：

一是延平答問在宋元時期已流傳較廣，但對於該書的名稱、編輯者、編輯時間等還有不同的説法，並未形成一個統一的意見。至明清時期，該書的刻本更多，流傳也更加廣泛，雖各個版本之間在内容編排等方面存在較大差異，但是對於該書的名稱已有比較統一的稱呼，即多稱延平答問。

二是歷代的這些版本都是承接以前的刻本而沿流下來，它們之間有著淵源關係。但由於間隔較長，加之在刻印和流傳過程中的變化（如隨意增減等），致使各個版本之間的淵源關係已不是十分清楚，需要仔細比照對校。如其中具有承上啓下作用的明「周木本」，可上溯宋嘉定本，下啓後代諸本①。

三是關於延平答問的書名，從以上各本的敘述看，有稱「語録」（趙希弁郡齋讀書志·

---

① 對於「周木本」的這種承上啓下的作用，也體現在國外的延平答問刻本中，如日本正保三年（一六四六）「和刻本」也是源自周木本。（詳見劉著第一九一頁正文及脚注②）

附志中記爲「右延平先生李侗願中之語，而晦庵先生所録也」。①）、「問答」或「答問」（此種稱法較普遍，如周木本②、正誼堂本、呂氏寶誥堂本等）、「要語」（延平郡庠本）、「書劄往來問答」③等，還有則認爲是「傳授之言」與「聖賢之心法」之書④。

二　延平答問的結構和内容

延平答問收録的是朱子與其師李延平之間論學往來書劄，自紹興二十七年丁丑（一一五七，時朱子二十八歲）六月至隆興元年癸未（一一六三，時朱子三十四歲，是年延平卒）七

① 朱子全書第一三册，第三六三頁。

② 劉承相在朱子早年思想的歷程中認爲周木序不分明「語録」或「書信」（第一九三頁），而周序説「延平答問者，子朱子述其師延平李先生答其平日之問」，當屬「答問」，只是朱子將之編輯成書而已，故劉氏之言有失妥當之處。

③ 四庫全書總目曰：「計前後相從不過數月，故書札往來問答爲多。」（引自朱子全書第一三册，第三六四頁）

④ 張國正在光緒延平府刻本延平答問序開頭説：「延平答問者，子朱子輯其師延平李先生平日傳授之言，蓋聖賢之心法也。」（引自朱子全書第一三册，第三六一頁）

月，共七年間問學往來書劄，計二十四通①。很顯然，從編排上看，延平答問是按照時間先後排序的，但仔細考察可知，其中個別書信的時間標記有誤，這就與清代童能靈説「延平答問，實爲朱子手輯，其間自注年月甚詳，無或遺略者，正以自明其當年講説本末次第也」②有所不同。後來學者對這些所謂「誤記」書劄的時間多有「考辨」或「辨證」③。

延平答問首言「丁丑六月二十六日（一一五七）書」，所談及的是「涵養用力」工夫，屬理學問題。其實，綜觀延平答問的整個内容，其涉及的方面很廣，除理學方面外，還涉及經學、時事等方面。下面就按文本（依照李延平集中所録延平答問本），順序列述如下。

---

① 按時間順序計算：紹興二十七年丁丑（一一五七）共一書；紹興二十八年戊寅（一一五八）共三書；紹興二十九年己卯（一一五九）共二書；紹興三十年庚辰（一一六〇）共二書；紹興三十一年辛巳（一一六一）共五書；紹興三十二年壬午（一一六二）共七書，其中包括「誤記辛巳八月七日」一書；隆興元年癸未（一一六三）共四書。

② 子朱子爲學次第考凡例，轉引自劉承相朱子早年思想的歷程第一九三頁。

③ 這些「考辨」、「辨證」可參看：陳來朱子哲學研究第六八頁脚注①、束景南朱子大傳第一八二頁脚注①、劉承相朱子早年思想的歷程第一九四頁脚注②，等等。

（一）理學方面

時間		内容	關鍵詞
丁丑六月二十六日		承喻涵養用力處……	涵養用力
戊寅	七月十七日	某村居一切只如舊……	於心脱然處
	冬至前二日	承示問皆聖賢之至言……	爲學
	十月十三日	吾人大率坐此窘窶……	自體
	同上	來喻以爲人心之既放……	涵養
己卯	六月二十二日	聞不輟留意於經書中……	安閒氣象
	長至後三日	今學者之病所患在於未有灑然冰解凍釋處……	灑然凍釋
庚辰	五月八日	某晚景别無他……	灑落氣象
		承惠示濂溪遺文……	道者氣象
		羅先生山居詩……	顔樂齋詩

續表

時間		内容	關鍵詞
庚辰	五月八日	聞召命不至……	遇事灑落
	七月	某自少時從羅先生學問……	靜坐
		所云見語録中有仁者渾然與物同體一句……	仁物同體
		又云因看必有事焉……	日用間事
		又云便是日月至焉氣象一段……	存養
		承諭心與氣合……	心氣
		録示明道二絶句……	吾與點之氣
		二蘇語孟説儘有好處……	窮理之要
		某兀坐於此……	尋常處事
辛巳	二月二十四日	問太極動而生陽……	太極
	上元日	昔嘗得之師友緒餘……	反身而誠
	五月二十六日	某村居一切如舊……	應接處事

續表

時間		内容	關鍵詞
辛巳	中元後一日	喻及所疑數處……	灑落
	十月十日	看文字必覺有味靜而定否……	靜與定
		某衰晚碌碌……	見於心
壬午	四月二十二日	吾儕在今日……	進學
	五月十四日	承諭處事擾擾……	靜坐
	七月二十一日	某在建安竟不樂彼……	日用工夫
誤記辛巳八月七日		某歸家……	日用間事
		謝上蔡語極好玩味……	日用工夫
壬午	八月九日	此箇氣味爲上下相咻……	涵養韜晦
		韜晦一事……	韜晦
	十月朔日	承諭近日看仁一字……	仁
癸未	五月二十三日	近日涵養必見應事脱然處否……	涵養
	六月十四日	承諭令表弟之去……	日用工夫
		某人之去……	應接處事
	七月十三日	在此粗安第終不樂於此……	微處充擴

從上表①可以看出，延平答問所涉及理學方面的内容有三十餘條之多，涵蓋「涵養」、「灑落」、「氣象」、「聖賢言語」、「求放心」、「求諸心」、「灑然冰釋」、「太極動靜」等諸多理學命題或範疇。對這些命題進行檢視探究，可以瞭解當時李侗（晚年）的思想，也可瞭解當時朱子（早年）的思想狀態。

（二）經學方面

時間	經典書名	問目	章目	關鍵詞
戊寅七月十七日書	論語	問子曰父在觀其志……	學而	孝
戊寅七月十七日書	論語	問孟武伯問孝……	爲政	孝
戊寅七月十七日書	論語	問子游問孝……	爲政	孝
戊寅七月十七日書	論語	問子曰吾與回言終日……	爲政	亦足以發

① 因行文關係，此表中只列出首句，具體内容請參見延平答問全文。

續表

時間	經典書名	問目	章目	關鍵詞
戊寅七月十七日書	論語	問子張學干祿……	爲政	干祿
		問向以亦足以發之義求教……		亦足以發
戊寅冬至前二日書		問禮之用和爲貴……	學而	禮
		問因不失其親亦可宗也……		宗法
		問詩三百……	爲政	思無邪
		問吾十有五而志于學……		爲學
		問禘自既灌而往者……	八佾	禮
		問或問禘之説……		
		問祭如在祭神如神在……		
		問居上不寬……		
		問子曰參乎吾道一以貫之……	里仁	一貫之道

續表

時間	經典書名	問目	章目	關鍵詞
辛巳二月二十四日書	論語	問性相近也習相遠也……	陽貨	言性
		問公山弗擾佛肸二章……		聖人體用
		問予欲無言……		性與天道
		問殷有三仁焉……	微子	仁
辛巳五月二十六日書		五十而知天命一句……	爲政	知天命
壬午六月十一日書		承諭仁一字條陳所推測處……		仁
		葉公問孔子於子路……	述而	聖人盛得氣象
		問熹昨妄謂仁之一字……		仁
誤記辛巳八月七日書	孟子	問熹又問孟子養氣一章……	公孫丑上	養氣

續表

時間	經典書名	問目	章目	關鍵詞
辛巳十月十日書	中庸	……某中間所舉中庸始終之説……		始終之説
		問熹近看中庸鬼神一章……	第十六章	鬼神
戊寅冬至前二日書	春秋	問春秋威公二年滕子來朝……	桓公二年	

從上表可以得知，延平答問中主要涉及到的經典有論語、孟子、中庸、春秋，而從整個文本看，討論集中在論語上，涉及學而、爲政、八佾、陽貨、述而等章，討論的問題有「孝」、「仁」、「禮」、「一貫之道」等。由此可以知道，當時朱子與李侗討論論語是很全面的。且在延平答問收録有關論語首先的三個發問條目都是「孝」的命題（如上表），這足以説明朱子在體認儒家經典時認識到：如果要在爲學上除去「玄談」陋習，就應從「百善孝爲先」的「孝」入手，並以此作爲重入聖學之門的入德方法。難怪與朱子同時且稍晚的南宋學者黃震就説：「文公之問多本論語，多先孝弟，此皆學者所當熟味。」①但回看朱熹在同安時會如

① 黃震：黃氏日抄卷四三，文淵閣四庫全書本第七〇八册，第二二九頁上。

此深入研讀論語等儒家經典，其實是遵從了李延平對他的指點。李延平曾教他「看聖賢言語」，「且將聖人書來讀，日復一日，覺得聖賢言語，漸漸有味，回看釋氏之説，漸漸破綻，罅漏百出。」①又對他説：「道亦無玄妙，只在日用間著實做工夫處理會，便自見得。」②總之，朱子從此時就逐漸由佛老玄談轉向儒學之道，對他後來創立以「理」爲中心的思想體系並集大成，是一個具有重要意義的轉捩點。

（三）時事方面

時間	内容	關鍵詞
壬午七月二十一日書	封事熟讀數過，立意甚佳。今日所以不振，立志不定、事功不成者，正坐此以和議爲名爾。書中論之甚善……明道語云「治道在於脩己、責任、求賢」，封事中此意皆有之矣。甚善甚善。吾儕雖在山野，憂世之心但無所伸爾。亦可早發去爲佳。	論封事

① 以上兩條見延平答問補録，李延平集第四九頁。亦見朱子語類卷一〇四，第二六二〇頁。

② 延平答問補録，李延平集第四二頁。亦見朱子語類卷一〇一，第二五六八頁。

續表

時間	內容	關鍵詞
癸未七月二十八日書	今日三綱不振，義利不分。緣三綱不振，故人心邪辟不堪用，是致上下之氣間隔，而中國之道衰，夷狄盛，皆由此來也。義利不分，自王安石用事，陷溺人心，至今不自知覺……	三綱、義利
癸未九月二十六日書	熹向蒙指喻二說，其一已叙次成文，惟義利之說見得未分明，說得不快……	義利之說

以上時事三條，都是朱子在上奏疏前先質正於李延平而得到的指教，從中可以看出李侗的經世思想及其對朱子治世思想的影響；亦可瞭解朱子對當時政局、時局的看法。其中「壬午七月二十一日書」中所提到的「封事」即指朱子於紹興三十二年壬午（一一六二，時年朱子三十三歲）八月應召所上封事①，封事較長，多陳帝王之學等事；「癸未七月二十八日書」的兩條是朱子在隆興元年癸未（一一六三）九月赴行在，並將於十一月奏事垂拱殿之前

① 詳見壬午應召封事，文集卷一一，朱子全書第二〇冊，第五六九—五八〇頁。

和赴闕途中與李延平商討奏事的相關内容①。

（四）關於補録

補録是明代周木在校刻延平答問時據朱子大全、朱子語類、性理大全、大學或問等相關文字所作的節録，而附於書後。此部分近九十條，長達六千多字，且所録的篇幅長短不一，長者有幾百字之多，短者則只有十餘字。

三　延平答問所涉經典及經典詮釋

（一）四書類經典及其詮釋

前文已説到，延平答問是朱子與老師李侗之間問學、論學往來書劄的集結。在彼此

①「今日三綱不振，義利不分」條詳見文集卷一三癸未垂拱奏劄一、垂拱奏劄二、垂拱奏劄三，朱子全書第二〇册，第六三一－六三七頁；「熹向蒙指喻二説」條詳見文集卷二四與延平李先生書，朱子全書第二一册，第一〇八二－一〇八三頁。關於這兩條的論述可參看劉承相朱子早年思想的歷程第二八六－二九〇頁的相關内容。

論學過程中，涉及許多儒家的經典著作，而四書類（如論語、孟子、中庸等）經典所涉最多。李、朱師生二人圍繞其中的相關重要命題展開討論和詮釋，而朱子也在此期間開始了對四書的詮釋工作。朱漢民、肖永明二人就認爲在師事李侗期間「朱熹對四書的訓釋活動實際上也已經開始」①。這一時期前後，朱子也撰寫了部分四書類的著述②。其實這並不奇怪，因爲朱子從小就開始涉獵和研讀四書，他曾説：「某自讀四書，甚辛苦。」③後來到十三四歲時又讀到了二程的論語解④；十六七歲時得見謝良佐的論語説⑤，即使是從學胡、劉三先生期間，雖泛濫於「佛老之學」，朱子對四書的研讀和思考都没有間斷過，只是主次不同而已。而自從學於李延平後，要求他去聖賢言語中理會，這更促使朱子進一步開始研讀參究四書，特别是論語和孟子二書，他曾説：「去歲在同安獨居幾閲歲，

①　朱漢民、肖永明：宋代四書學與理學，中華書局，二〇〇九年，第二一八頁。
②　如論語要義等，詳參宋代四書學與理學第二一六——二二六頁。
③　朱子語類卷一〇四，第二六一一頁。
④　論語要義目録序中有「河南二程先生獨得孟子以來不傳之學於遺經……熹年十三四時，受其説於先君，未通大義而先君棄諸孤」之語，文集卷七五，朱子全書第二四册，第三六一三頁。
⑤　朱子語類卷一一五有「後得謝顯道論語，甚喜，乃熟讀」之語，第二七八三頁。

看論語近十篇。」①「某向爲同安簿滿，到泉州候批書，在客邸借文字，只借得孟子，將來子細讀，方尋得本意見。」②所以講朱子對四書的初步解釋工作在這個時候就逐步地展開了。

(二) 春秋及其詮釋

檢視延平答問，朱子與李延平之間的討論除四書外，也涉及五經類的經典，而主要集中於春秋一書。春秋是魯國的編年史，又稱麟經或麟史，相傳爲孔子所編修。它記載了從魯隱公元年(前七二二)至魯哀公十四年(前四八一)的歷史。但它的記錄比較簡略，故有後來學者在此基礎上作詳盡的傳注，其中最爲著名的當屬左傳、公羊傳、穀梁傳，稱「春秋三傳」，亦成爲儒家經典之一，被儒家學者極力推崇。李延平先生從學羅豫章累年，豫章就

① 朱熹：與范直閣(一五)，文集卷三七，朱子全書第二一册，第一六〇九頁。
② 朱子語類卷一〇四，第二六一四頁。

曾將春秋授受於他①。到朱子從學李侗時，雖不知李先生是否曾授春秋給朱子，但肯定的是朱子對春秋是非常重視的，從他與延平先生討論春秋可知。又據朱子語類，其中所記他與門人論述春秋也專有一卷②。其門人黃榦曾就朱熹對春秋態度評論說：「於春秋，則疑聖心之正大，決不類傳注之穿鑿。」③朱子還以春秋的記事方法，取司馬光所編的資治通鑒，撰成資治通鑑綱目一書。總而言之，朱子對春秋一書也是做過深入研究的。另一方面，延平先生教導朱子釋讀春秋的方法，提到的看「春秋之法」云：「以傳考經之事蹟，以經別傳之真僞。」當然也體現了師生存有明顯的不同見解，李延平説看春秋以胡文定解爲准，而朱子則推崇左傳；朱子還提出要以「看史一樣」去看春秋。其原因在於孔子作春秋時所根據的是以往的史書材料，即以魯國的舊史而作。朱子將儒家經典的春秋一書當作史書看，是他春秋學的一大特點，也體現了他「經史結合、以明大義」的思想特點。

① 宋史本傳記載：「聞郡人羅從彦得河洛之學，遂以書謁之。從之累年，授春秋、中庸、語、孟之説。」(轉引自李延平集第一頁)另朱子所作李先生行狀中亦録此一語。(同上，第五六頁)
② 詳見朱子語類卷八三，第二一四四—二一七六頁。
③ 黃榦：朝奉大夫華文閣待制贈寶謨閣直學士通議大夫謚文朱先生行狀，朱子全書第二七册附録，第五六二頁。

(三) 太極圖説及其詮釋

延平答問中朱子與老師李延平除討論四書、五經外,還討論了周濂溪的太極圖説。太極圖説是周敦頤對太極圖所作的解説,全文僅二百五十餘字,但對宋代以後的理學却産生了重大的影響。朱子也不例外,自年輕時就關注到了該書。延平先生曾解「太極動而生陽」爲「只是理」,不能作已發看(見朱子問目)。於此,他再次强調是「至理之源」,只是「此理一貫」,認爲不管是「太極動而生陽」,還是「二氣交感,化生萬物」,其實都只是一理,却不能作「兩節看」。接著,對於復卦中的「見天地之心」,先生以爲,先儒的「以靜見」,伊川的「動乃見」,以及復卦初爻的「以顔子不遠復爲之」,其實是要表示「人與天理一也」的道理,即「無間斷之意」。從朱子後來不久(一一七三)所作的太極圖説解看,是接受了延平先生「此理一貫」的詮釋思想,完全看不出有「兩節看」的痕跡。直至晚年,仍然堅持著此思想,朱子説:「太極圖只是一個實理,一以貫之。」①

① 朱子語類卷九四,第二三六五頁。

從整個延平答問來看，延平先生對經典的理解詮釋，注重以「體認」的方式去理解、體悟「聖賢言語」。張伯行評論説：「先生不著書，又不喜作文。然讀朱子所編答問，解經精當，析理毫芒。」的確如此。注重於經典義理的闡發，而要求「不要拘泥文字，須於言外求意乃通」，「見灑落氣象」、「灑然冰解凍釋」道理。也强調要於「渾然一體」處、「一貫」處體會天理，注重「於日用間下工夫」、「於事上下工夫」。而朱子此時對於經典的理解詮釋，從延平答問的問目看，既有對經典字義的訓釋和對經典的義理辨析，也有對諸家經典解釋的質疑，但主要的精力還是集中在對經典的考據和訓詁上面。其將兩種經典詮釋方法並重是後來的事情，因爲這需要一個過程。其次，朱子在解釋經典時廣泛吸取衆解之所長，但又體現出了尊崇二程一派之説的氣象。由此可以知道，朱子此時在李侗教誨之下形成了對待儒家經典的一個路向，這個路向對他後來思想的發展產生了重要的影響。

四　延平答問的思想内涵

延平答問雖只是記録了李、朱師生二人平時問學的往來書劄，但却可以揭示出李侗晚年時期和朱子早年的思想狀態，特别是可以瞭解朱子在李延平的教導下，思想前後的變化過程。而學界在研究李侗思想和朱子早期思想時,歷來都以該書作爲重要的資料依據。本文亦以該書爲主要材料,闡發二人在當時的思想狀況和朱子對李侗思想的繼承與發展的情況。

(一) 李侗思想的體現

朱子在李先生行狀中曾概括李延平的思想。其學術思想大體包括以下四個方面:「靜中體驗、大本未發」,「默坐澄心、體認天理」,「冰解凍釋、灑然自得」,「知其理一、重在分殊」①。

① 根據朱子的李先生行狀概括李侗的思想大旨者有: 一、牟宗三先生概括爲四點:「默坐澄心、體認天理」,「『灑然自得』,『冰解凍釋』」,「『即身以求』、不事『講解』」,「『理一分殊』,始終條理」。並分別作了闡述(心體與性體下,第四一九頁)。二、陳來先生所概括的四點是:「默坐澄心」,「灑然融釋」,「體驗未發」,「理一分殊」。並認爲「在這幾個方面,李侗自己的表述和側重與經過朱熹精心調整而加以細微改變後的表述與側重有所不同」(朱子哲學研究,第四七—四八頁)。三、李有兵歸結爲: 其一「强調以靜坐澄心的方式默會喜怒哀樂未發前之『大本』」; 其二「須反身自得,不可蹈空」; 其三「未發功夫」; 並認爲「這三點乃內在統一者」。又說:「結合其它文獻,延平學問之旨實可歸結爲: 於日用處做工,於靜坐處體會(天理)。」(道德與情感——朱熹中和問題研究,第五二頁)。但李有兵並未提及李侗思想之重點「理一分殊」,似有「未盡意」之嫌。

當然，李延平的思想組成還有其他許多方面，如境界説與功夫論①、涵養理論②、教學思想③、經世思想以及他的經典解釋思想，等等。李侗的這些思想，充分體現了「濂洛」以來學術的一貫宗旨，但又有創新，朱子孫婿趙師夏就曾有「李先生不特以得於所傳授者爲學，其心造之妙，蓋有先儒之未有言者」④之評價。清代張伯行更是在其所編的李延平集的序中對李侗的爲人、爲學、思想以及對道南一脈、對朱子的影響做了很恰當的總結：「篤學積行之躬，日用尋常，真實爲己，不求知於世，世亦莫知也。然而守其所學，待諸其人，前不忘師傳之所自，後以啓授受之源流，天下後世，終有能知之者，其惟延平李先生乎……顧能紹豫章之學，獨深得其閫奥，開道南秘鑰於紫陽……」⑤

① 參看陳來朱子哲學研究「境界與本體」部分，第五七—六一頁。
② 同上書「涵養與窮理」部分，第六一—六六頁。
③ 參看劉承相朱子早年思想的歷程相關部分，第二七一—二七六頁。
④ 趙師夏：宋嘉定姑孰刻本延平答問跋，朱子全書第一三册，第三五四頁。
⑤ 張伯行：原序，李延平集，第一頁。

（二）朱子早年思想的體現

延平答問一書，也體現朱子早年思想前後演變歷程。其中比較清晰地體現出朱子青年時期（特別是從學延平期間）的思想狀況。下面以靜中體驗未發、靜坐①與存養、灑落氣象、理一分殊爲例來説明。

在靜中體驗未發方面，李侗曾反復教導朱子的重要思想就是「於靜中體驗未發」，這於延平答問中多有所見。朱子在參究「未發已發」的整個過程中，以李延平先生爲師，以張南軒爲講友，雖各自主張不一，他却可以左右采獲，沉潛反復，②以成就自己的思想體系。陳來先生就曾這樣評述朱子的「未發已發」説：「已發未發説是朱熹爲學方法的重要基礎理

---

① 關於朱子的「靜坐」思想，在朱子語類和文公文集中有論述，可參閲。亦可參看今人的一些論述，如錢穆的「朱子論靜」（朱子新學案第二册，第三七七—三九七頁）；陳榮捷的朱子與靜坐（朱子新探索，第一九九—二〇五頁）；劉承相的「延平『主靜思想』對朱子之影響」（朱子早年思想的歷程，第二三六—二六三頁），等等。

② 錢穆：朱子新學案第二册，第一七七頁。

論，在他的思想形成發展過程中佔有重要地位。它在心性哲學的意義在於由性情體用思想引導出心統性情的學説，它在道德修養的意義在於由肯定未發而確立主敬涵養。」①

在靜坐與存養方面，李侗是喜靜坐的。宋史本傳中記曰：「從彥好靜坐，侗退入室中，亦靜坐。」②李延平在朱子從學期間也多次教導「靜坐」工夫，朱子對待「靜坐」之説，似乎自相矛盾，有誤解之嫌。③但事實上，這與朱子對學術的不同側重、吸收繼承和批判創新的治學態度相關。所以出現了這種看似前後矛盾的局面，然而也基於這種態度，才有了朱子後來「居敬窮理」思想的形成和發展。

在灑落氣象方面，朱子從學李延平期間，經常聆聽李先生「灑落氣象」方面的教導，延平答問中出現的「氣象」一詞，達二十七次之多。當然，李延平教導朱子以此，是與涵養和聖賢言語聯繫起來討論的。他引導朱子重點在於「涵養」時體認這「灑落氣象」。

在理一分殊方面，朱子「理一分殊」的思想是在李侗的教導之下形成的。從延平答問

① 陳來：朱子哲學研究，第一九二 — 一九三頁。
② 李延平集，第一頁。
③ 參看李有兵道德與情感——朱熹中和問題研究第二章中「朱子對『靜坐』之理解」部分（第五六 — 五八頁）。

中可以看出，李、朱師生之間曾多次討論到「理一分殊」。① 上文中已經提到，李侗與朱子第一次論及「理一分殊」是在庚辰七月書中②，其中有「然要見一視同仁氣象，却不難；須是理會分殊」一句，以體現出延平「理一分殊」代表性觀點，即重視「理會分殊」。而朱子在討論論語里仁「吾道一以貫之」時就有了「理一分殊」思想的雛形，只是當時並未直接表述爲「理一分殊」，而是説：「莫非大道之全體，雖變化萬殊，於事爲之末；而所以貫之者，未嘗不一也。」③在這裏，朱子强調「理之一貫」。後來的「壬午六月十一日書」和誤記爲「辛巳八月七日書」兩劄，師生二人更是彼此借助討論「仁」而深入探討了「理一分殊」，其中壬午六月十一日書是延平此思想的集萃，而誤記爲辛巳八月七日書則爲朱子論「理一分殊」新的奠基（劉承相語）。在其書中，朱子從「天地生物，本乎一源」，但「氣有清濁，故禀有偏正」的角度，對程、楊、李三先生「理一分殊」的解釋給予認同。朱子又認爲楊龜山所言「知其理一、知其分殊」兩句是從「發用處攝本體」而言的。

① 劉承相先生認爲朱子參究「理一分殊」是從「一貫忠恕」開始，經「識仁」問題，而以「格物致知」論爲終結。（朱子早年思想的歷程，第二〇一頁）這在延平答問中都有比較清晰的體現。
② 延平答問上，李延平集卷二，第二〇頁。
③ 延平答問上，李延平集卷二，第一六頁。

朱子對「理一分殊」是做了很大的發展的。他不僅繼承二程的倫理學意義上的「理一分殊」思想，還常常用「理一分殊」來論述作爲宇宙本體的「太極」與「萬物」之間的關係；也從本原意義上講「理一分殊」；也以「理一分殊」闡釋「一理」與「萬物」的關係，等等。① 其中最值得一提的就是用「理一分殊」來分析「太極」與「萬物」的關係問題。這就是他所提出的「萬物統體一太極，一物各具一太極」②。總之，朱子繼承和發展了「理一分殊」思想，使「理一分殊」從一個單一意義的倫理學命題，擴大至包含了若干更具普遍意義的哲學命題。

上述四點並非朱子早年思想的全部，也不是延平答問中所體現出思想之全部，而只是其思想前後變化的一個重要環節。③ 從該書中，我們還可以看出，朱子對傳統理學範疇（如「一貫忠恕」、「仁」、「太極」等）的思想闡發；以及「經學」（經典解釋、章句訓詁方面）、「爲學」等思想的闡釋。錢穆先生曾就朱子在李延平影響下所受得之學問有總結性概括，他説：「蓋朱子之所獲於延平者有三大綱：一曰須於日用人生上融會；一曰須看古聖經

---

① 這一部分的詳盡論述，可參看陳來先生朱子哲學研究第五章「理一分殊」的内容，第一一一—一二三頁。
② 此語出自朱子太極圖説解，轉引自周敦頤集卷一，第六頁。
③ 對於朱子早年思想演變過程的論述，可參看劉承相朱子早年思想的歷程一書。

義；又一曰理一分殊，所難不在理一處，乃在分殊處。朱子循此三番教言，自加尋究，而不自限於默坐澄心之一項工夫上，則誠可謂妙得師門之傳矣。」①另外，朱子也曾向延平請教一些「經世」方面的問題，在延平「經世思想」的影響之下，也逐漸形成了他自己的「治世」思想②。

五　延平答問的意義

（一）版本學意義

延平答問的輯訂，充實了朱子的著述文庫，乃至中國哲學的著述文庫；而後來出現的二十多個刻印的版本，又大大地豐富了理學研究史料的版本内容。

甲　延平答問的輯訂，豐富了中國哲學史的史料文庫

① 錢穆：朱子新學案第三册，第三五頁。
② 具體論述可參看劉承相朱子早年思想的歷程中「延平之經世思想對朱子的影響」，第二八六－二九〇頁。

馮友蘭曾説：「哲學史的史料絶大部分是書籍。」①即研究中國哲學史或研究某一哲學家的思想，其最主要的資料來源就是該哲學家的著述，這是屬於第一手資料。前文已經提到，李侗一生「不著書，不作文」，因此所留著述極少。而朱子在延平歿後，將自己與老師李延平之間平時論學往來的書信輯訂成書，即現在的延平答問，這就爲後世學者研究李侗的思想以及朱子自己早年思想變化提供了重要的史料。嚴佐之先生在延平答問的校點説明中也指出：「答問一書，既是朱熹對乃師學術思想的一份紀念和總結，也同時給後世留下了考察他自己思想嬗變的一段歷史對話。」②馮友蘭亦將延平答問列爲朱子的主要著述③。由此可知，延平答問的輯訂成書，大大充實和豐富了中國哲學史的史料。此不可不謂朱子對中國哲學史的一大貢獻。

乙　延平答問的不同刻本，又豐富了朱子學文獻的内容

上文説到，自南宋至民國，由於活字印刷術和雕版印刷術的發達，延平答問就有許多

① 馮友蘭：中國哲學史史料學，江蘇教育出版社，二〇〇六年，第九頁。
② 朱子全書第一三册，第三〇三頁。
③ 馮友蘭：中國哲學史史料學，第一二三頁。

不同的刻本，如宋代嘉定間的姑孰本、益昌學宮本和建陽麻沙本；明代的延平郡庠刊本、周木刻本、李習刻本、知本堂本等；清代的寶誥堂本、四庫全書本、正誼堂本和光緒延平府本等。這其中較重要的幾個是宋代姑孰本（朱子孫婿趙師夏作跋），明代周木本（直承宋本，又輯有補録一卷），清代四庫全書本、正誼堂本，豐富了朱子學研究的文獻資料。由於「該書流傳過程中各種版本之間歷來體系不同，且文字出入較多。因而，其流傳過程中留下了不少問題」①，這些問題，在版本的研究或著作的校點中就必須要解決。而且還讓校勘者有了「底本」、「對校本」、「參校本」的區分。陸建華、嚴佐之共同校點的延平答問就是如此②。從中國哲學史研究的角度看，也需要有這樣的工作存在。馮友蘭先生就説：「一部書可以有許多版本。版本不同，内容便不一定完全相同；文字上有所差異，更是很普遍的現象。研究中國哲學史的人首先應該知道，究竟要看哪些版本的書，哪些版本的書在内容上比較完整、在文字上比較正確。」③

---

① 劉承相：朱子早年思想的歷程，第一八七頁。
② 參看嚴佐之的延平答問校點説明，朱子全書第一三册，第三〇三—三〇五頁。
③ 馮友蘭：中國哲學史史料學，第八頁。

丙　延平答問的版本流傳，反映了不同時代社會的綜合水準，以及當時學者、研究者的學術思想狀況

嚴佐之曾説：「每一種圖書、圖書的每一種版本，都反映著一定社會階段和歷史時期的生産力水準，不僅是古代書史的『活』見證，還是考察古代科學技術（印刷、造紙、裝幀技術等）和文化藝術（書法、雕刻、裝幀藝術等）水平的重要實證。」①同樣的道理，延平答問的歷代不同版本，既反映出當時的社會生産力水準，又反映不同時代學者、研究者的學術思想狀況，還能從一個側面折射出朱子學在他們心中的地位及在其時代的影響。首先，一部書的刻印、流傳涉及到許多的環節，如嚴先生所舉的印刷、造紙、裝幀等，這些都與當時的生産力水準密不可分。其次，刻印延平答問的這些人，都是推崇儒學、程朱理學以及朱子學的學者或研究者，還有的是李侗和朱熹的後人、門人，如曹彦約、張伯行等都是理學大家；而趙師夏則是朱子門人和孫婿，李習是李侗的裔孫，等等。這些人籌資刊刻延平答問，或爲之作序跋，都爲該書的流傳作出了貢獻。再者也是比較重要的一點就是，推動了理學、朱子學在當時的傳播，擴大了對當時的影響。延平答問就是如此，在明末

① 嚴佐之：古籍版本學概論，華東師範大學出版社，一九八九年，第三頁。

至清初的這段時期，延平答問的刊刻者、學者、研究者都不約而同地將此書提升爲傳授「心法」之書①的高度，與當時的學術思想環境是有關係的，另一方面也重新鞏固了朱子學的地位。

（二）延平答問的哲學史意義

朱子編輯延平答問，爲研究朱子早年和李侗的思想、朱子本人在延平的影響下思想的演變過程，以及李、朱師生二人關係的勾勒，提供了重要文獻資料。

甲　延平答問是研究朱子早年思想和研究李侗思想的重要依據材料

雖説延平答問不是研究朱子早年思想的唯一材料，但却也是最爲重要的材料。綜觀該書可以知道，從延平答問所録與李先生論學問答來看，朱子所問的問題比較多，涉及多部經典著作，有大學、中庸、論語、孟子，也有春秋、詩經等，以及北宋以來理學家（如二程、張載等）對上述經典的解釋，從而形成了其對儒家一些思想（如仁、忠恕一貫、理、太極等）

① 參看嚴佐之校點的延平答問所附録歷代序跋中的相關内容，朱子全書第一三册，第三五七—三六一頁。

的初步認識與理解。特別是對論語的集中探討，可謂是朱子從學延平時期的「一個很大的特徵」（劉承相先生語）。另外，延平答問還顯示了朱子接受李先生教導「理一分殊」思想以及對待「靜中體驗未發」問題的基本情況，更是「最具有歷史意義者」（劉承相先生語）。同時，延平答問也是目前研究李侗思想可以作爲參考的主要材料。該書體現了李延平「靜中體驗、大本未發」，「默坐澄心、體認天理」，「冰解凍釋、灑然自得」，「知其理一、重在分殊」四大方面的思想。

乙 延平答問是探討朱子早年思想演變過程的重要材料

前文已説到，學者們研究朱子早年的思想及其演變過程，除多依據朱子的文集、語録外，另一參考的材料就是延平答問。檢視整部延平答問可以看出，朱子在李侗的教導下，所體現出來的「靜中體驗未發」、「靜坐涵養」、「理一分殊」，以及在經世、經典解釋等方面的思想，更爲主要的是，在此過程中，體現出了朱子思想前後變化的一個軌跡。「其中最主要的是把朱熹引入道學系統的軌道。」①劉承相在他的研究朱子早年思想歷程的專著中也指出：「延平答問則歷代編者隨意增減，其章節與内容不盡相同。然而，該書

①　陳來：朱子哲學研究，第七一頁。

按年月先後編次，其所涉及内容前後相應而廣泛，且其論述具有系統性。因此，探討朱子從學延平時期的思想演變，該書成爲最重要的依據。」①另外，延平答問還顯示了朱子受李延平的教導，通過「從生疏到熟悉、不斷咀嚼道學話頭的努力」②，逐漸符合道學的演進軌跡。

丙　延平答問可以呈現出朱子與李延平之間的關係

從延平答問可以看出，其所録的内容是自丁丑年（時朱子二十八歲）至癸未年（時朱子三十四歲，延平卒）七年間的書信。從這些書劄可以窺見朱子與李延平之間的某些關係，劉承相曾說：其一是朱子從學於李延平的影響不可否認；其二是戊寅之歲可謂朱子積極從學李延平的轉換時期。③陳來更是評論獨到：「延平答問反映的李侗與朱熹思想的交往表明，李侗對青年朱熹曾産生很大影響，其中最主要的是把朱熹引入道學系統的軌道。但朱熹在道學系統内的發展方向却與李侗不同，這種不同植根於朱熹特殊個性的某種要求

① 劉承相：朱子早年思想的歷程，第一九八頁。
② 陳來：朱子哲學研究，第六五頁。
③ 劉承相：朱子早年思想的歷程，第一六八頁。

和傾向，李侗也無力從根本上加以扭轉。李侗與朱熹的不同，亦即是大程與小程的不同，朱熹在李侗死後完全轉向小程的立場，使得宋代乃至整個宋明理學的面貌與特質發生了極大的改觀。」①

① 陳來：朱子哲學研究，第七一頁。

延平答問

凡七十二條

一

丁丑〔一〕六月二十六日書云：承喻涵養〔二〕用力處，足見近來好學之篤也。甚慰甚慰！但常存此心，勿爲他事所勝，即欲慮〔三〕非僻〔四〕之念自不作矣。孟子有夜氣〔五〕之説，更熟味〔六〕之，當見涵養用力處也。於涵養處著力，正是學者之要，若不如此存養〔七〕，終不爲己物也。更望勉之。

注釋

〔一〕丁丑：即高宗紹興二十七年，當公元一一五七年。是年延平六十五歲，朱子二十八歲。

〔二〕涵養：「涵養」爲宋代理學家所提出的一種與「窮理致知」相輔相成的心性修養方法。程頤即曰：「涵養須用敬，進學則在致知。」（二程遺書卷一八）

〔三〕欲慮：欲望。

〔四〕非僻：邪惡。

〔五〕夜氣：參見孟子告子上第八章：「雖存乎人者，豈無仁義之心哉？其所以放其良心者，亦猶斧斤之於木也，旦旦而伐之，可以爲美乎？其日夜之所息，平旦之氣，其好惡與人相近也者幾希，則其旦晝之所爲，有梏亡之矣。梏之反覆，則其夜氣不足以存；夜氣不足以存，則其違禽獸不遠矣。人見其禽獸也，而以爲未嘗有才焉者，是豈人之情也哉？」

〔六〕熟味：反復、仔細地體會。（本書第三條另有「玩味」一詞，可參看。）

〔七〕存養：語本孟子盡心上第一章：「存其心，養其性，所以事天也。」

考論

此書爲延平答問收録之第一書，根據書中「承喻」一詞可知，朱子此前當先有書致延平，此爲延平答書。據束景南先生考，是年春間，朱子由崇安返回同安等候繼任者，而其廨署破敗不能居住，因而借住於縣人陳良傑之館舍，并日與友人諸生讀書講學。其致書延平問學，即在此期間。參見束景南：朱熹年譜長編（增訂本），第二二三——二二六頁。

二

戊寅〔一〕七月十七日書云：某村居一切只如舊，有不可不應接處，又難廢墮〔二〕，但靳靳〔三〕度日爾〔四〕。朝夕無事，齒髮已邁，筋力漸不如昔。所得於師友者，往來於心，求所以脱然〔五〕處，竟未得力〔六〕，頗以是懼爾。

注釋

〔一〕戊寅：即高宗紹興二十八年，當公元一一五八年。是年延平六十六歲，朱子二十九歲。

〔二〕廢墮：廢棄不爲。

〔三〕靳靳：吝惜貌。

〔四〕但靳靳度日爾：原校云「近本無下靳字」。

〔五〕脱然：原指超脱無累。此處指超脱對具體義理分别的把握，達到將其融會貫通的狀態。此書之外，該詞又見於答問庚辰五月八日書（見本書第二八條）及癸未五月二十三日書（見本書第六六條）。同時，延平對於此種境界另有一些類似的表述，曰「灑然」，又曰「灑落」。

〔六〕竟未得力：「竟」，原校云「近本作覺」。光緒本無原校。

考論

據束景南先生考，是年春正月，朱子往見李侗於延平，并就論語中的忠恕一貫之説向其請教。

歸家後，又就此問題與范如圭書信往復，相互討論。朱子致書延平，即在此後。參見束景南：朱熹年譜長編（增訂本），第二三〇——二三五頁。陳來先生以爲，崇安、延平甚近，李朱二人時皆閒居，故書札往來大抵在旬月間。以此推之，朱子來書當在此書稍前，即是年夏秋間。參見陳來：朱子書信編年考證（增訂本），第一五頁。

此書延平所答涉及春秋讀法及論語「父在觀其志」、「孟武伯問孝」、「子游問孝」、「吾與回言終日」、「子張學干禄」數章之義。

三

春秋且將諸家熟看，以胡文定〔一〕解〔二〕爲準，玩味〔三〕久，必自有會心處，卒看不得也。伊川先生云，春秋大義數十，炳如日星，所易見也；唯微辭奥旨，時措從宜者，所難知爾。〔四〕更須詳考其事，又玩味所書抑揚予奪之處，看如何。積道理〔五〕多，庶漸見之，大率〔六〕難得。學者無相啓發處，終憒憒〔七〕不灑落〔八〕爾。

注釋

〔一〕胡文定：胡安國，生於北宋神宗熙寧七年（一〇七四），卒於南宋高宗紹興八年（一一三八），字康侯，謚文定。建州崇安縣人。嘗與二程門下游酢、謝良佐、楊時諸人相與講學，復自從遺書以私淑二程。著有春秋傳、資治通鑒舉要補遺等書。宋史卷四三五儒林五有傳。宋元學案卷三四武夷學案略述其學。

〔二〕胡文定解：此即指胡安國所撰之春秋傳。春秋傳，共三十卷；胡氏自謂其書：「事按左氏，義採公羊、穀梁之精者，大綱本孟子，而微詞多以程氏之説爲證云。」（春秋傳叙傳授）四庫全書總目稱此書：「作於南渡之後，故感激時事，往往借春秋以寓意，不必一一悉合於經旨。朱子語録曰：『胡氏春秋傳有牽强處，然議論有開合精神。』亦千古之定評也。」

〔三〕玩味：研習體味。關於「玩味」的含義，可參看貢華南：味與味道，第九二—九三頁；谷繼明：玩味與涵泳：宋代解經學的一個重要方法，載中國哲學史二〇一六年第三期。

〔四〕春秋大義數十，……所難知爾：語出程頤春秋傳序：「春秋大義數十。其義雖大，炳如日星，乃易見也；惟其微辭隱義、時措從宜者爲難知也。」（二程集，第一一二五頁）

〔五〕道理：事理。此處指春秋對具體史事的褒貶所藴含的義理。

〔六〕大率：大致。

〔七〕憒憒：紛亂。

〔八〕灑落：原指灑脱飄逸，不拘束。此處指在理解具體事理的基礎上，更對其作出綜合、通貫的把握。

四

問：子曰：「父在觀其志，父没觀其行。三年無改於父之道，可謂孝矣。」〔一〕東坡謂可改者不待三年〔二〕。熹以爲使父之道有不幸不可不即改者，亦當隱忍遷就，於義理之中，使事體漸正，而人不見其改之之迹，則雖不待三年，而謂之無改可也。此可見孝子之心，與「幾諫」〔三〕事亦相類。先生曰：「三年無改」，前輩論之詳矣。類皆執文泥迹，有所遷就，失之。須是認聖人所説，於言外求意乃通。所謂道者，是猶可以通行者也。三年之中，日月易過，若稍稍有不愜意處，即率意改之，則孝子之心何在。如説春秋者不忍遽變左氏有「官命未改」〔四〕之類。有孝子之心者，自有所不忍耳。非斯須〔五〕不忘、極體孝道者，能如是耶？東坡之語有所激而然，是亦有意也。事只有箇可與不可而已，若大段〔六〕有害處，自應即改何疑。恐不必言隱忍遷就，使人不見其改之之迹。此意雖未有害〔七〕，第恐〔八〕處心如此，即駸駸然〔九〕所失處却多。吾輩欲求寡過，且謹守格法〔一〇〕爲不差也。「幾諫」事意恐不相類，更思之。

注釋

〔一〕子曰：「……」：此爲論語學而第一第一一章。

〔二〕可改者不待三年：東坡此語出處未詳。按：東坡嘗撰論語説五卷，在宋時影響頗大，朱子評價其書曰：「東坡天資高明，其議論文詞自有人不到處。如論語説亦煞有好處，但中間須有些漏綻出來。」（語類卷一三〇，第三一一三頁）然此書今已亡佚。又金人王若虛滹南遺老集卷四之論語辨惑嘗引東坡解論語此章之語，曰：「君子之喪親，常若見之。雖欲變之，而其道無由，是之謂無改父之道。」

〔三〕幾諫：語出論語里仁第四第一八章：子曰：「事父母幾諫。見志不從，又敬不違，勞而不怨。」

〔四〕官命未改：語出左傳襄公二年：「晉師侵鄭。諸大夫欲從晉。子駟曰：『官命未改。』」楊伯峻先生注曰：「左傳凡兩用『官命』，一在此，一在四年。子駟本是建議改服晉國者，因成公之言而止。此官命即指鄭成公之令。春秋之制，舊君死，新君于第二年始改元。且此時成公雖死，尚未下葬，嗣君不得發佈新令，故曰『官命未改』。」參見楊伯峻：春秋左傳注，第九二二頁。

〔五〕斯須：須臾，片刻。

〔六〕大段：十分，非常。指其程度之高。

〔七〕此意雖未有害：「雖」下原校云「近本有善字」。

〔八〕第恐：只怕。表示擬測。

〔九〕駸駸然：疾速貌。

〔一〇〕格法：成法，法度。

五

問：孟武伯問孝，子曰：「父母唯其疾之憂。」〔一〕舊説孝子不妄爲非，惟疾病然後使父母憂。〔二〕熹恐夫子告孟孫〔三〕之意不然。蓋言父母之心，慈愛其子無所不至。疾病人所不免，猶恐其有之以爲憂，則餘可知也。爲人子者知此，而以父母之心爲心，則所以奉承〔四〕遺體〔五〕而求免於虧辱者，豈一端而已哉！此曾子所以戰戰兢兢、啓手足而後知免焉者也。〔六〕「不遠遊，遊必有方」〔七〕，「不登高，不臨深」〔八〕，皆是此意。先生曰：「父母唯其疾之憂」，當如上所説爲得之，舊説不直截。聖人之告人，使知所以自求者，惟深切庶可用力也。

注釋

〔一〕孟武伯問孝，子曰：「父母唯其疾之憂」：此爲論語爲政第二第六章。

〔二〕舊説孝子不妄爲非，惟疾病然後使父母憂：宋邢昺論語注疏録馬融之説曰：「言孝子不妄爲非，唯疾病然後使父母憂。」（梁皇侃論語義疏亦載馬氏此説，而較此多數字。）後來之注家亦多用此説。朱子所引之「舊説」，當即指此。

〔三〕孟孫：魯三桓有孟孫氏。此處之「孟孫」指孟武伯仲孫彘。

〔四〕奉承：原指侍奉，此處指養護。

〔五〕遺體：因子女的身體爲父母所生，故稱之爲父母的「遺體」。

〔六〕此曾子所以戰戰兢兢、啓手足而後知免焉者也：典出論語泰伯第八第三章：曾子有疾，召門弟子曰：「啓予足！啓予手！詩云：『戰戰兢兢，如臨深淵，如履薄冰。』而今而後，吾知免夫！小子！」

〔七〕不遠遊，遊必有方：語出論語里仁第四第一九章：子曰：「父母在，不遠遊，遊必有方。」

〔八〕不登高，不臨深：語出禮記曲禮上：「不登高，不臨深，不苟訾，不苟笑。」

六

問：子游問孝，子曰：「今之孝者，是謂能養。至於犬馬，皆能有養。不敬，何以別乎？」[一]熹謂犬馬不能自食，待人而食者也。故蓄犬馬者必有以養之，但不敬爾。然則養其親而敬有所不至，不幾於以犬馬視其親乎？敬者，尊敬而不敢忽忘之謂，非特恭謹而已也。人雖至愚，孰忍以犬馬視其親者！然不知幾微之間，尊敬之心一有不至，則是所以視其親者，實無以異於犬馬而不自知也。聖人之言，警乎人子，未有若是之切者。然諸家之說多不出此。[二]熹謂當以春秋所書歸生[三]、許止[四]之事觀之，則所謂犬馬之養，誠不爲過。不然，設譬引喻，不應如是之疏，而子游之賢，亦不待如此告戒之也。先生曰：此一段，恐當時之人習矣而不察，只以能養爲孝，雖孔門學者，亦恐未免如此。故夫子警切以告之，使之反諸心也。苟推測至此，孝敬之心一不存焉，即陷於犬馬之養矣。孟子又有「養口體」、「養志」[五]之說，似亦説破學者之未察處，皆所以警乎人子者也。若謂以春秋所書之事觀之，則所謂犬馬之養，誠不爲過。恐不須如此說。歸生、許止各是發明一例也。

注釋

〔一〕子游問孝，子曰：「……」：此爲論語爲政第二第七章。

〔二〕然諸家之説，多不出此：朱子以前，此章之説大致有二。宋邢昺論語注疏概括之云：「一曰：犬以守禦，馬以代勞，皆能有以養人者，但畜獸無知，不能生敬於人。若人唯能供養於父母而不敬，則何以別於犬馬乎？一曰：人之所養，乃至於犬馬，同其飢渴，飲之食之，皆能有以養之也；但人養犬馬，資其爲人用耳，而不敬此犬馬也；人若養其父母而不敬，則何以別於養犬馬乎？言無以別，明孝必須敬也。」（卷一爲政第二「子游問孝」章）其中皆無朱子所謂「幾微之間，尊敬之心一有不至，則是所以視其親者，實無以異於犬馬而不自知也」之意。

〔三〕歸生：姬姓，字子家，春秋時鄭國公子，與公子宋弑鄭靈公。春秋宣公四年：「夏六月乙酉，鄭公子歸生弑其君夷。」左傳詳載其事：「楚人獻黿於鄭靈公。公子宋與子家將見。子公之食指動，以示子家，曰：『他日我如此，必嘗異味。』及入，宰夫將解黿，相視而笑。公問之，子家以告。及食大夫黿，召子公而弗與也。子公怒，染指於鼎，嘗之而出。公怒，欲殺子公。子公與子家謀先。子家曰：『畜老，猶憚殺之，而況君乎？』反譖子家。子家懼而從之。夏，弑靈公。」

〔四〕許止：姜姓，名止。春秋時許國世子，弑許悼公。春秋昭公十九年：「夏五月戊辰，許世子止弑其君買。」左傳詳載其事：「夏，許悼公瘧。五月戊辰，飲大子止之藥，卒。大子奔晉。書曰

「弑其君」，君子曰：「盡心力以事君，舍藥物可也。」公羊傳云：「止進藥而藥殺，則曷爲加『弑』焉爾？譏子道之不盡也。」穀梁傳云：「曰『弑』，正卒也。正卒則止不弑也。不弑而曰『弑』，責止也。」歸生弑君，許止事父而不能盡子之道，致父之死。故朱子舉此二人，以明其時確有視其君父如犬馬者。

〔五〕養口體　養志：語出孟子離婁上第一九章：「曾子養曾皙，必有酒肉。將徹，必請所與。問有餘，必曰『有』。曾皙死，曾元養曾子，必有酒肉。將徹，不請所與。問有餘，曰『亡矣』。將以復進也。此所謂養口體者也。若曾子，則可謂養志也。」

七

問：子曰：「吾與回言終日，不違如愚，退而省其私，亦足以發。回也不愚。」〔一〕熹竊謂「亦足以發」，是顔子聞言悟理、心契神受之時，夫子察焉而於心有感發也。子夏「禮後」之問，夫子以爲「起予」，〔二〕亦是類也。但子夏所發在言語之間，而顔子所發乃其所自得處，有以默相契合，不待言而喻也。然非聖人有所未知，必待顔子而後發。如言「非助我者」〔三〕，豈聖人待門弟子答問之助耶？　先生曰：「亦足以發」，前説似近之，恐與「起予」不類，深玩之可見。「非助我者」，豈聖人待門弟子答問之助，固是如此；然亦須知顔子默曉聖人之言，便知親切道體處，非枝葉之助也。他人則不能見如此精微矣。妄意如此氣象〔四〕，未知如何？

注釋

〔一〕子曰：「……」：此爲論語爲政第二第九章。

〔二〕子夏「禮後」之問，夫子以爲「起予」：事見論語八佾第三第八章：「子夏問曰：『「巧笑倩兮，美目盼兮，素以爲絢兮。」何謂也？』子曰：『繪事後素。』曰：『禮後乎？』子曰：『起予者商也！始可與言詩已矣。』」

〔三〕非助我者：語出論語先進第十一第四章：「子曰：『回也非助我者也，於吾言無所不説。』」

〔四〕氣象：在理學之語境中，其指達到某種精神境界後在容貌辭氣等方面的外在表現。參見陳來：朱子哲學研究，第六二頁。朱子語類卷一二：「敬非是塊然兀坐，耳無所聞，目無所見，心無所思，而後謂之敬。只是有所畏謹，不敢放縱。如此則身心收斂，如有所畏。常常如此，氣象自別。存得此心，乃可以爲學。」（第二一一頁）

八

問：子張學干禄，夫子告以多聞多見闕疑殆，而謹言行其餘。〔一〕蓋不博無以致約，故聞見以多爲貴。然不闕其所未信未安，則言行之間意不誠矣，故以闕之爲善。疑殆既闕，而於言行有不謹焉，則非所謂無敢慢〔二〕者，故以謹之爲至。有節於内若此，尤悔何自而入乎？然此皆庸言庸行〔三〕之所必然，非期以干禄也，而禄固已在其中矣。孟子曰「經德不回，非以干禄也」〔四〕，與夫子之意一也。伊川先生亦曰，子張以仕爲急，故夫子告之以此，使定其心而不爲利禄動。〔五〕恐亦是此意。未知是否？　先生曰：古人干禄之意，非後世之干禄也。蓋胸中有所藴，亦欲發泄而見諸事爾。此爲己之學〔六〕也。然求之有道，苟未見所以求之之道，一萌意焉，則外馳矣。故夫子以多聞見而闕疑殆告之，又使之慎其餘，則反求諸己也切矣。故孟子有「經德不回，非以干禄」之語。苟能深體得此，則馳外之心不作矣。伊川所謂「才有縫罅便走了」〔七〕之意。

注釋

〔一〕子張學干禄，……而謹言行其餘：事見論語爲政第二第一八章：「子張學干禄。子曰：『多聞闕疑，慎言其餘，則寡尤；多見闕殆，慎行其餘，則寡悔。言寡尤，行寡悔，禄在其中矣。』」

〔二〕無敢慢：語出論語堯曰第二十第二章：「君子無衆寡，無小大，無敢慢，斯不亦泰而不驕乎？」

〔三〕庸言庸行：語出周易乾卦：「子曰：『龍德而正中者也。庸言之信，庸行之謹，閑邪存其誠，善世而不伐，德博而化。易曰『見龍在田，利見大人』，君德也。」

〔四〕經德不回，非以干禄也：語出孟子盡心下第三三章：「動容周旋中禮者，盛德之至也；哭死而哀，非爲生者也；經德不回，非以干禄也；言語必信，非以正行也。君子行法，以俟命而已矣。」

〔五〕子張以仕爲急，……使定其心而不爲利禄動：語見河南程氏外書卷六：「『尤』，罪自外至也；『悔』，理自内出也。修天爵則人爵至，『禄在其中』矣。子張學干禄，故告之以此，使定其心而不爲利禄動。若顏、閔則不然矣。君子謀道不謀食，學也禄在其中矣。然學不必得禄，猶耕之不必得食，亦有餒在其中矣。君子知其如此，故憂道不憂貧，此所以告干禄也。」

〔六〕爲己之學：語出論語憲問第十四第二四章：「子曰：『古之學者爲己，今之學者爲人。』」

〔七〕才有縫罅便走了：語見二程遺書卷七：「只外面有些罅隙，便走了。」

九

戊寅〔一〕冬至前二日書云：承示問，皆聖賢之至言，某何足以知之。而吾元晦好學之篤如此，又安敢默默也？輒以昔所聞者，各箋釋於所問目之下，聊以塞命爾。它日若獲款曲〔二〕，須面質論難，又看合否如何？大率〔三〕須見灑然〔四〕處，然後爲得。雖説得行，未敢以爲然也。

注釋

〔一〕戊寅：即高宗紹興二十八年，當公元一一五八年。是年延平六十六歲，朱子二十九歲。

〔二〕款曲：詳細地講論。

〔三〕大率：參見本書第三條注〔六〕。

〔四〕灑然：原指灑脱。此處指義理的融會貫通。

考論

陳來先生以爲：「此書原注戊寅冬至前二日，故朱子來書之問當在此年冬。」參見陳來：朱子書信編年考證（增訂本），第一五頁。

書中延平所答涉及前書（即戊寅七月十七日書）所論論語「吾與回言終日」章「亦足以發」一語

之義（參見本書第七條），春秋「滕子來朝」之義例及論語「禮之用」、「信近於義」、「詩三百」、「吾十有五而志于學」、「禘自既灌而往者」、「或問禘之說」、「祭如在」、「居上不寬」、「參乎！吾道一以貫之」諸章之義。

一〇

問：向以「亦足以發」之義求教，因引「起予」爲證，蒙批諭云，「「亦足以發」與「起予」不類。」〔一〕熹反覆思之，於此二者，但見有淺深之異，而未見全不相似處，乞賜詳喻。先生曰：顏子氣象〔二〕與子夏不同。先玩味〔三〕二人氣象於胸中，然後體會夫子之言「亦足以發」與「起予者商也」之語氣象如何。顏子深潛淳粹，於聖人體段〔四〕已具，故聞夫子之言，即默識心融，觸處洞然，自有條理。故終日言，但見其「不違如愚」而已，退省其私，則於語默日用動容之間，皆足以發明夫子之道，坦然由之而無疑也。子夏因問詩，如不得「繪事後素」之言，即「禮後」之意未必到，似有因問此一事而夫子印可〔五〕之意。此所以不類也，不知是如此否？偶追憶前日所問處，意不來，又未知向日因如何疑而及此也，更俟他日熟論。

注釋

〔一〕向以「亦足以發」之義求教，……「亦足以發」與「起予」不類：朱子此前嘗以論語爲政「吾與回言終日」章「亦足以發」一語之義求教於延平，延平答之於戊寅七月十七日書。朱、李二人之問答見本書第七條。

〔二〕氣象：參見本書第七條注〔四〕。

〔三〕玩味：參見本書第三條注〔三〕。

〔四〕體段：形象。

〔五〕印可：原爲佛學用語，指印證認可。即弟子修道成就時，爲師者加以印證過後，承認、許可其所悟境界之意。關於此詞之詳細解釋，可參見慈怡主編：佛光大辭典，第二二〇四頁。又泛指同意。此處則指孔子對於子夏此語及其學問的肯認。又梁皇侃論語義疏已用「印可」一詞解釋論語，其卷一及卷六皆有「孔子印可」之語。

二

問：春秋威公二年〔一〕：「滕子來朝。」按：滕本稱侯，伊川謂服屬於楚，故貶稱子。〔二〕熹按：楚是時未與中國通，滕又遠楚，終春秋之世未嘗事楚，但爲宋役爾，不知伊川别有何據？又陳、蔡諸國，後來屬楚者，亦未嘗貶爵也。胡文定以爲爲朝威而貶之，以討亂賊之黨，〔三〕此義似勝。然滕自此不復稱侯，至定公〔四〕之喪，來會葬，猶稱子。〔五〕夫豈以祖世有罪，而并貶其子孫乎？〔六〕然則胡氏之説亦有可疑者，不知當以何説爲正。胡氏又謂凡朝威者皆貶，獨紀侯以咨謀齊難而來，志不在於朝威，故再朝皆無貶焉。〔七〕熹竊以爲果如此，則是義理之正，可以危急而棄之也。不知春秋之法果如此否？二年「紀侯來朝」，左氏作「杞」字。後有入杞、會鄧事，傳皆有説可據。〔八〕伊川、胡氏依公、穀作「紀」字。〔九〕　先生曰：「滕子來朝」，考之春秋，夫子凡所書諸侯來朝，皆不與其朝也。胡文定謂春秋之時，諸侯之朝，皆無有合於先王之時世朝之禮者，故書皆譏之也。〔一〇〕滕本稱侯，威二年來朝稱子者，以討亂賊之黨貶，於諸家之説義爲精。先儒又以爲時王所黜者。〔一一〕胡氏以爲果如此，則春秋不作矣。〔一二〕恐先儒之説非。來喻以謂自此終春秋之世不復稱侯，「豈以祖世有罪，而并貶其子孫乎？」若如此言，大段〔一三〕害理。春秋與人改過遷善，又善善長、惡惡短，不應如此，是可疑也。某竊以謂從胡之説於理道〔一四〕爲長。觀夫子所書討亂之法甚嚴，滕不以威之不義而朝之，只在於合黨締交，此夷狄也。既已貶矣，後世子孫碌碌無聞，無以自見於時，又壤地褊小，本一子男之國。宋之盟，左傳有「宋人請滕」〔一五〕，欲以爲私屬，則不自强而碌碌於時者久矣〔一六〕。自一貶之後，夫子再書，各沿一義而發，遽又以侯稱之，無乃紛紛然殽亂，春秋之旨不明而失其指乎？蓋聖人之心，必有其善，然後進之。若無所因，是私意也，豈聖人之心哉！若如此看，似於後世之疑不礙，道理爲通，又不知如何？春秋所以難看者，蓋以常人之心推測聖人，未到聖人灑然〔一七〕處，豈能無失耶？請俟他日反復面難，庶幾〔一八〕或得其旨。伊川之説，考之諸處，未見春秋之前服屬於楚事迹，更俟尋考。又來喻以謂紀侯來諂謀齊難，志不在於朝威，故再朝無貶，則是義理之正，可以危急而棄之。若果如此，尤害義理。春秋有誅意〔一九〕之説，紀侯志不在於朝威，則非滕子之類也。列國有急難，以義而動，又何貶耶？「紀侯來朝」，左氏作「杞」字，後有入杞之事，傳皆有説，胡氏因公、穀作「紀」字。春秋似此之類者多，如齊子糾，左傳只云「納糾」。伊川乃以二傳爲證，〔二〇〕又嘗有看春秋之法云：「以傳考經之事跡，以經别傳之真僞。」〔二一〕參考理義之長，求聖人所書之意，庶或得之。

注釋

〔一〕春秋威公二年：「威」，原校云「近本作桓，下並同」。按：「威」係避欽宗諱而改。

〔二〕服屬於楚，故貶稱子：伊川此語見河南程氏經説卷四春秋傳桓公二年：「滕本侯爵，後服屬于楚，故降稱子，夷狄之也。首朝桓公，其辠自見矣。」

〔三〕爲朝威而貶之，以討亂賊之黨：胡文定（即胡安國，詳參本書第三條注〔一〕）此説見其春秋傳卷四桓公上桓公二年「滕子來朝」：「隱公末年，滕稱侯爵，距此三歲爾，乃降而稱『子』者，先儒謂爲時王所黜也。使時王能黜諸侯，春秋豈復作乎？又有言其在喪者，終春秋之世不復稱侯，無説矣。然則云何？春秋爲誅亂臣、討賊子而作，其法尤嚴於亂賊之黨，使人人知亂臣賊子之爲大惡而莫之與，則無以立於世。無以立於世，則莫敢勸於爲惡，而篡弑之禍止矣。今桓公弟弑兄，臣弑君，天下之大惡，凡民罔弗憝也，己不能討，又先鄰國而朝之，是反天理肆人欲，與夷狄無異，而春秋之所深惡也，故降而稱『子』以正其罪。四夷雖大，皆曰『子』，其降而稱『子』，狄之也。」

〔四〕定公：此指魯定公。定公姬姓，名宋。公元前五〇九年至前四九五年在位。

〔五〕至定公之喪，……猶稱子：見春秋定公十五年：「九月，滕子來會葬。」

〔六〕夫豈以祖世有罪，而并貶其子孫乎：古文尚書大禹謨云：「罰弗及嗣，賞延于世。」春秋公羊傳昭公二十年亦曰：「君子之善善也長，惡惡也短；惡惡止其身，善善及子孫。」故朱子有此問。

〔七〕凡朝威者皆貶，……故再朝皆無貶焉：說見春秋傳卷四桓公上桓公二年「秋七月，杞侯來朝」：「公、穀、程氏皆以杞爲紀。桓弟弑兄、臣弑君，天下之大惡，王與諸侯不奉天討，反行朝聘之禮，則皆有貶焉，所以存天理、正人倫也。紀侯來朝，何獨無貶乎？當是時，齊欲滅紀，紀侯求魯爲之主，非爲桓立而朝之也。」又卷五桓公中桓公六年「冬，紀侯來朝」：「按左氏：『會于郕，諮謀齊難也。冬來朝，請王命以求成于齊也。公告不能。』……魯桓者，弑君之賊，人人之所同惡，夫人得而討之也，而主之以求援，其能國乎？然則何以免於貶？志不在於朝桓也。」

〔八〕二年「紀侯來朝」，……傳皆有説可據：春秋左氏傳桓公二年：「秋七月，杞侯來朝，不敬。杞侯歸，乃謀伐之。」「九月，入杞，討不敬也。」

〔九〕伊川、胡氏依公、穀作「紀」字：公羊、穀梁經并作「秋七月，紀侯來朝」。程頤春秋傳經作「杞侯」，然下云：「凡『杞』稱侯者，皆當爲『紀』。杞爵非侯，文誤也。」胡安國春秋傳經亦作「杞侯」，下曰：「公、穀、程氏皆以杞爲紀。」亦以之當爲「紀侯」也。

〔一〇〕春秋之時，……故書皆譏之也：説見春秋傳卷三隱公下隱公十一年「十有一年春，滕侯、薛侯來朝」：「諸侯朝於諸侯，禮乎？孔子曰：『邦君爲兩君之好，有反坫。』周禮行人：『凡諸侯之邦交，殷相聘，世相朝也。』然謂之殷則得中而不過，謂之世則終諸侯之世而一相朝，其爲禮亦節矣。周衰，典制大壞，諸侯放恣，無禮義之交，惟强弱之視。以魯事觀焉，或來朝而不報其禮，或屢往而不納以歸，無合於中聘世朝之制矣。且列國於天子，述所職者，蓋闕如也。而自相朝聘，可乎？凡大國來聘，小國來朝，一切書而不削，皆所以示譏。」

〔一一〕時王所黜：晉杜預春秋左氏經傳集解桓公第二：「隱十一年稱侯，今稱子者，蓋時王所黜。」即主此說。

〔一二〕胡氏以爲果如此，則春秋不作矣：胡氏此說見本條注〔一二〕之引文。

〔一三〕大段：參見本書第四條注〔六〕。

〔一四〕理道：義理。

〔一五〕宋人請滕：語出春秋左氏傳襄公二十七年：「既而齊人請邾，宋人請滕，皆不與盟。叔孫曰：『邾、滕，人之私也；我，列國也。何故視之？宋、衛，吾匹也。』」

〔一六〕則不自强而碌碌於時者久矣：「久」，原校云「近本作同」。光緒本無原校。

〔一七〕灑然：參見本書第九條注〔四〕。

〔一八〕庶幾：差不多。

〔一九〕誅意：此説首見漢董仲舒春秋繁露卷四王道第六：「齊桓、晉文擅封，致天子，誅亂、繼絶、存亡，侵伐會同，常爲本主。曰：桓公救中國，攘夷狄，卒服楚，至爲王者事。晉文再致天子，皆止不誅，善其牧諸侯，奉獻天子而服周室。春秋予之爲伯，誅意不誅辭之謂也。」又同篇：「言圍成，甲午祠兵，以別迫脅之罪，誅意之法也。」胡安國春秋傳亦有此說。

〔二〇〕如齊子糾，……伊川乃以二傳爲證：左傳莊公九年經作：「夏，公伐齊，納子糾。」公羊、穀梁二傳此處經皆作「納糾」。河南程氏外書卷六記伊川語云：「公、穀並注四處皆書納糾，左傳獨言子糾，誤也。」據此可知延平此處所言有誤。

〔二一〕以傳考經之事跡，以經別傳之真僞：此語見於二程遺書卷二〇及卷二二上。

一二

問「禮之用，和爲貴」一章〔一〕之義。　先生曰：孟子曰：「仁之實，事親是也；義之實，從兄是也。」「禮之實，節文斯二者是也。」〔二〕禮之道，雖以和爲貴，然必須體其源流之所自來而節文之，則不失矣。若「小大由之」，而無隆殺之辨；「知和而和」，於節文不明，是皆不可行，則禮之體用失矣。世之君子，有用禮之嚴至拘礙〔三〕者、和而失其節者，皆非知禮者也。故有子以是語門人，使知其節爾。

注釋

〔一〕「禮之用，和爲貴」一章：此爲論語學而第一第一二章：有子曰：「禮之用，和爲貴。先王之道斯爲美，小大由之。有所不行，知和而和，不以禮節之，亦不可行也。」

〔二〕仁之實，……從兄是也。禮之實，節文斯二者是也：語出孟子離婁上第二七章：「孟子曰：『仁之實，事親是也；義之實，從兄是也；智之實，知斯二者弗去是也；禮之實，節文斯二者是也；樂之實，樂斯二者，樂則生矣；生則惡可已也，惡可已，則不知足之蹈之、手之舞之。」

〔三〕拘礙：束縛阻礙。

一三

問：「因不失其親，亦可宗也。」〔一〕横渠先生曰：「君子寧孤立無與，不失親於可賤之人。」〔二〕熹據此，則因也、親也、宗也，皆依倚附託之名，但言之漸重爾。所因或失其所親，謂可賤之人不可親也。則亦不可宗。人之可親者必可宗，其不可親者必不可宗也。故君子非孤立無與之患，而不失其親爲難。其將欲有所因也，必擇其可親者而因之。使彼誠賢，則我不失其所親，而彼亦可宗矣。立文與上二句相似，皆「言必慮其所終」、「行必稽其所敝」〔三〕之意。不審尊意以爲如何？　先生曰：伊川先生曰：「信本不及義，恭本不及禮，然信近於義，恭近於禮也。信近於義，以言可復也；恭近於禮，以遠耻辱也。因恭信而不失親，近於禮義，故亦可宗也。猶言禮義者不可得見，得見恭信者可矣。」〔四〕詳味〔五〕此語，則失親於可賤之人，自無有矣。蓋以禮義爲主故也。

注釋

〔一〕因不失其親，亦可宗也：語出論語學而第一第一三章：「有子曰：『信近於義，言可復也；恭近於禮，遠恥辱也；因不失其親，亦可宗也。』」

〔二〕君子寧孤立無與，不失親於可賤之人：語出張載正蒙有德篇第十二：「君子寧言之不顧，不規規於非義之信；寧身被困辱，不徇人以非禮之恭；寧孤立無助，不失親於可賤之人。」

〔三〕言必慮其所終　行必稽其所敝：語出禮記緇衣第三十三：「子曰：『君子道人以言，而禁人以行，故言必慮其所終，而行必稽其所敝，則民謹於言而慎於行。詩云：「慎爾出話，敬爾威儀。」大雅曰：「穆穆文王，於緝熙敬止。」』」

〔四〕信本不及義，……得見恭信者可矣：語見二程遺書卷八：「『因不失其親』，信本不及義，恭本不及禮，然信近於義者，以言可復也，恭近於禮者，以遠耻辱也，因恭信不失其所以，（一無「以」字。）親近於禮義，故亦可宗也。如言禮義不可得見，得見恭信者斯可矣。」朱子論孟精義卷一上學而第一此章下則繫之爲明道語。

〔五〕詳味：詳細玩味。（本書第一條有「熟味」一詞，第三條有「玩味」一詞，可參看。）

一四

問：「詩三百，一言以蔽之，曰『思無邪』。」〔一〕蘇東坡曰：「夫子之於詩，取其會於吾心者，斷章而言之。頌魯侯者，未必有意於是也。」〔二〕子由〔三〕曰：「思無邪，則思馬而馬應；思馬而馬應，則思之所及無不應也。故曰：『思無邪，思馬斯徂。』此頌魯侯者之意也。」〔四〕兩說未知孰是？先生曰：詩人興刺，雖亦曲折達心之精微，然必止乎禮義。夫子删而取之者以此爾。若不止於禮義，即邪也。故三百篇，一言足以蔽之，只是「思無邪」而已。所以能興起感動人之善心，蓋以此也。頌魯侯者，偶於形容盛德如此，故曰「思無邪」。於馬言之者，又有「秉心塞淵」，然後「騋牝三千」〔五〕之意。

注釋

〔一〕詩三百，……曰「思無邪」：語出論語爲政第二第二章。

〔二〕夫子之於詩，……未必有意於是也：東坡此語出處未詳。今見引於金王若虚滹南遺老集卷四論語辨惑此章後：「易稱『無思無爲，寂然不動，感而遂通天下之故』。凡有思者，皆邪也。而無思，則土木也。何能使有思而無邪，無思而非土木乎？此孔子之所盡心也。作詩者未必有意於是，孔子取其有會於吾心者耳。孔子之於詩，有斷章之取也。如必以是説施之於詩，則彼所謂無斁無疆者，當何以説之？此近時學者之蔽也。」又爲宋王質詩總聞卷二〇魯頌駉下所節引。

〔三〕子由：指蘇轍，子由乃其字。

〔四〕思無邪，……此頌魯侯者之意也：語出蘇轍論語拾遺：「易曰：『無思無爲，寂然不動，感而遂通天下之故。』詩曰：『思無邪。』孔子取之。二者非異也。惟無思，然後思無邪；有思，則邪矣。火必有光，心必有思，聖人無思，非無思也。外無物，内無我，物我既盡，心全而不亂。物至而知可否，可者作，不可者止，因其自然，而吾未嘗思，未嘗爲，此所謂無思無爲，而思之正也。若夫以物役思者，皆其邪矣。如使寂然不動，與木石爲偶，而以爲無思無爲，則亦何以通天下之故也哉？故曰：『思無邪。思馬斯徂。』苟思馬而馬應，則凡思之所及無不應也。此所以爲感而遂通天下之故也。」

〔五〕秉心塞淵　騋牝三千：語出詩鄘風定之方中。

一五

問：「吾十有五而志于學」一章〔一〕，橫渠先生曰：「常人之學，日益而莫自知也。仲尼行著習察，異於它人，故自十五至於七十，化而知裁。其進德之盛者與！」〔二〕伊川先生曰：「孔子生而知之，自十五至七十，進德直有許多節次者，聖人未必然，亦只是爲學者立下一法。盈科而後進，不可差次，須是成章乃達。」〔三〕兩說未知孰是？　先生曰：此一段，二先生之說各發明一義，意思深長。橫渠云「化而知裁」，伊川云「盈科而後進」，不成章不達，皆是有力處，更當深體之可爾。某竊以謂聖人之道中庸，立言常以中人爲說。必十年乃一進者，若使困而知學〔四〕，積十年之久，日孳孳而不倦，是亦可以變化氣質〔五〕而必一進也〔六〕。若以鹵莽滅裂〔七〕之學，而不用心焉，雖十年亦只是如此，則是自暴自棄〔八〕之人爾。言十年之漸次，所以警乎學者，雖中才，於夫子之道皆可積習〔九〕勉力而至焉，聖人非不可及也。不知更有此意否？

注釋

〔一〕「吾十有五而志于學」一章：此爲論語爲政第二第四章：「子曰：『吾十有五而志於學，三十而立，四十而不惑，五十而知天命，六十而耳順，七十而從心所欲，不踰矩。』」

〔二〕常人之學，……其進德之盛者與：語出正蒙三十篇第十一：「常人之學，日益而不自知也。仲尼學行，習察異於他人，故自十五至於七十，化而知裁，其進德之盛者與！」

〔三〕孔子生而知之，……須是成章乃達：語出二程遺書卷一五：「孔子自十五至七十，進德直有許多節次。聖人未必然，然亦是一作「且」。爲學者立下一法，盈科而後進，須是成章乃達。」

〔四〕困而知學：語本論語季氏第十六第九章：「孔子曰：『生而知之者，上也；學而知之者，次也；困而學之，又其次也；困而不學，民斯爲下矣。』」

〔五〕變化氣質：原爲張載語。張氏認爲，人們通過後天的學習和道德修養即可改變「所受有定」、各不相同的原有素質。後來的理學家們對此説多有所繼承和發揮。參見方克立主編：中國哲學大辭典，第四八二頁。

〔六〕日孳孳而不倦，是亦可以變化氣質而必一進也：「亦」下，原校云「近本無而不倦是亦字，而作操心積慮焉」。

〔七〕鹵莽滅裂：語出莊子則陽第二十五：「君爲政焉勿鹵莽，治民焉勿滅裂。昔予爲禾，耕而鹵莽之，則其實亦鹵莽而報予；芸而滅裂之，其實亦滅裂而報予。」郭象注云：「鹵莽滅裂，輕脱末略，不盡其分。」此處指草率粗疏。

〔八〕自暴自棄：語本孟子離婁上第十章：「言非禮義，謂之自暴也；吾身不能居仁由義，謂之自棄也。」

〔九〕積習：熟習，慣習。

一六

問：「禘自既灌而往者，吾不欲觀之矣。」〔一〕伊川曰：「灌以降神，祭之始也。既灌而往者，自始及終皆不足觀，言魯祭之非禮也。」〔二〕謝氏〔三〕引禮記曰：「吾欲觀夏道，是故之杞而不足證也〔四〕。我欲觀殷道，是故之宋而不足證也。我觀周道，幽、厲傷之。吾舍魯何適矣！魯之郊禘，非禮也，周公其衰矣。」〔五〕以此爲證，而合此章於上文杞、宋不足證之説曰：「考之杞、宋，則文獻不足；考之當今，則魯之郊禘又不足觀，蓋傷之也。」〔六〕呂博士〔七〕引荀子「大昏之未發，祭之未納尸〔八〕，喪之未小斂，一也」〔九〕解此〔一〇〕，與趙氏〔一一〕春秋纂例〔一二〕之説〔一三〕，不審何者爲是？　先生曰：記曰：「魯之郊禘，非禮也，周公其衰矣。」以其難言，故春秋皆因郊禘事中之失而書，譏魯自在其中。今曰「禘自既灌而往者，吾不欲觀之矣」，則是顛倒失禮，如昭穆失序〔一四〕之類，於灌而求神以至於終，皆不足觀，蓋歎之也。對或人之問，又曰不知，則夫子之深意可知矣。既曰不知，又曰：「知其説者之於天下也，其如視諸斯乎！」指其掌。〔一五〕則非不知也，只是難言爾。原幽明之故，知鬼神之情狀，〔一六〕則燭理〔一七〕深矣，於天下也何有！

注釋

〔一〕禘自既灌而往者，吾不欲觀之矣：語出論語八佾第三第十章。

〔二〕灌以降神，……言魯祭之非禮也：語見河南程氏外書卷六：「灌以降神，禘之始也。『既灌而往者』，自始以至終，皆無足觀，言魯祭之非禮也。」

〔三〕謝氏：謝良佐，生於北宋仁宗皇祐二年（一〇五〇），卒於徽宗崇寧二年（一一〇三），字顯道，壽春上蔡人，學者稱上蔡先生。從學於二程。著有論語解、上蔡語録等書。宋史卷四二八道學二有傳，宋元學案卷二四上蔡學案略述其學。

〔四〕是故之杞而不足證也：「證」，原校云「近本作徵，下同」。按：「證」係避仁宗嫌名而改。

〔五〕吾欲觀夏道，……周公其衰矣：語出禮記禮運第九：「孔子曰：『我欲觀夏道，是故之杞，而不足徵也，吾得夏時焉。我欲觀殷道，是故之宋，而不足徵也，吾得坤乾焉。坤乾之義，夏時之等，吾以是觀之。……』孔子曰：『於呼哀哉！吾觀周道，幽、厲傷之，吾舍魯何適矣？魯之郊、禘，非禮也。周公其衰矣！……』」又此處朱子所録謝氏引禮記之文，較之謝氏原説，稍有删節。

〔六〕考之杞、宋，……蓋傷之也：謝氏此説出處未詳。今見引於朱子編論孟精義卷二上八佾第三此章後：「考之杞、宋，已如彼；考之當今，又如此。前世之禮，則文獻不足；魯之禮，則既灌而往，吾不欲觀之也。」

〔七〕吕博士：吕大臨，生於北宋仁宗慶曆六年（一〇四六），卒於哲宗元祐七年（一〇九二），字與叔，京兆府藍田縣人。元祐中爲太學博士，故稱吕博士。初從學於張載，張載卒，又受學於二程。著有易章句、芸閣禮記解、論語解等書。宋史卷三四〇有傳，宋元學案卷三一呂范諸儒學案略述其學。

〔八〕祭之未納尸：「尸」，原作「户」，光緒本同，今據正誼堂本改。

〔九〕大昏之未發，……一也：語出荀子禮論篇第十九：「大昏之未發齊也，大廟之未入尸也，始卒之未小斂也，一也。」

〔一〇〕吕博士引荀子「……」解此：吕氏之説出處未詳。今見引於朱子編論孟精義卷二上八佾第三此章後：「荀卿言『喪之未小斂也，大昏之未發齊也，祭祀之未納尸也』，正與此意合。禮既灌，然後迎牲迎尸，則未灌之前，其誠意交於神明者至矣；既灌而後，特人事耳，故有不必觀也。」

〔一一〕趙氏：趙匡，字伯循，唐河東人。損益啖助遺著春秋集傳集注及春秋統例二書，又集二書及己説可以例舉者，撰春秋闡微纂類義統一書。今其説保存於陸淳春秋集傳纂例、春秋集傳辨疑及春秋微旨三書中。

〔一二〕春秋纂例：春秋集傳纂例，唐陸淳編著，全書十卷，共四十篇。爲陸淳在其師啖助所撰春秋統例一書的基礎上請趙匡加以損益，從而纂合二氏之説，并對其中辭義之難解者加以注釋，又備載經文於本條之内以成。

〔一三〕趙氏春秋纂例之説：趙氏之説見春秋集傳纂例卷二辨禘義：「或曰：『禘非殷祭，則論語云「禘自既灌而往者，吾不欲觀之矣」，何也？』答曰：『此夫子爲大夫時，當禘祭而往助祭，歎其失禮，故云爾也。初酌酒灌地以降神之時，其禮易行。既灌之後，至於饋薦，則事繁而生懈慢，故夫子退而嫌之。……注家不達其意，遂妄云既灌之後，列尊卑，序昭穆，爲躋僖公，故惡之。且祫祭之時，固當先陳設座位，位定之後，乃灌以降神。郊特牲云「既灌然後迎牲」，明牲至即殺之以獻，何得先灌然後設位乎？先儒不達經意，相沿致誤，皆此類也。』」

〔一四〕昭穆失序：此當本於孔安國之説。其説見皇侃論語義疏卷二八佾第三此章後：「孔安國曰：『禘、祫之禮，爲序昭穆也。故毁廟之主及羣廟之主皆合食於太祖。灌者，酌鬱鬯灌於太祖，以降神也。既灌之後，别尊卑，序昭穆。而魯爲逆祀，躋僖公，亂昭穆，故不欲觀之矣。』」前述趙氏之説以爲此説不合經意。

〔一五〕對或人之問，……指其掌：事見論語八佾第三第一一章：「或問禘之説。子曰：『不知也。知其説者之於天下也，其如示諸斯乎！』指其掌。」

〔一六〕原幽明之故，知鬼神之情狀：語本周易繫辭上：「仰以觀於天文，俯以察於地理，是故知幽明之故。原始反終，故知死生之説。精氣爲物，遊魂爲變，是故知鬼神之情狀。與天地相似，故不違。」

〔一七〕燭理：考察事理。

一七

問：「或問禘之説」一章〔一〕，伊川以此章屬之上文，曰：「不知者，蓋爲魯諱。知夫子不欲觀之説，則天下萬物各正其名，其治如指諸掌也。」〔二〕或以爲此魯君所當問而不問，或人不當問而問之，故夫子以爲不知，所以微諷之也。〔三〕餘如伊川説云。龜山〔四〕引禮記：「禘嘗之義大矣，治國之本也，不可不知也。明其義者君也，能其事者臣也。不明其義，君人不全，不能其事，爲臣不全。」〔五〕非或人可得而知也。其爲義大，豈度數云乎哉！蓋有至賾存焉。知此則於天下乎何有！〔六〕此數説不審孰是？先生曰：詳味〔七〕「禘自既灌」以下至「指其掌」，看夫子所指意處如何，却將前後數説皆包在其中，似於意思稍盡，又未知然否？

注釋

〔一〕「或問禘之説」一章：此爲論語八佾第三第一一章。詳見本書第一六條注〔一三〕。

〔二〕不知者，……其治如指諸掌也：語見河南程氏外書卷六：「『不知』者，蓋爲魯諱。」及同書卷三：「知孔子不欲觀之説，則於天下知萬事各正其名，則其治如『示諸掌』。」因此二處伊川皆合此章與「禘自既灌而往者」章而論，故朱子稱「伊川以此章屬之上文」。

〔三〕或以爲此魯君所當問而不問，……餘如伊川説云：此説出處未詳。

〔四〕龜山：楊時，生於北宋仁宗皇祐五年（一〇五三），卒於南宋高宗紹興五年（一一三五），字中立，南劍州將樂縣人。學者稱龜山先生。先後從學於程顥、程頤。著有三經義辯等書。宋史卷四二八道學二有傳，宋元學案卷二五龜山學案略述其學。

〔五〕禘嘗之義大矣，……爲臣不全：語出禮記祭統第二十五。

〔六〕龜山引禮記……知此則於天下乎何有：龜山之説出處未詳。今見引於朱子編論孟精義卷二上八佾第三此章後：「『禘嘗之義大矣，治國之本也，不可不知也。明其義者君也，能其事者臣也。不明其義，君道不全；不能其事，爲臣不全。』非或人可得而問也，故告之以『不知』而已。其爲義大，豈度數云乎哉！蓋有至賾存焉。知其説者，其於天下乎何有？」

〔七〕詳味：參見本書第一三條注〔五〕。

一八

問：「祭如在，祭神如神在。」〔一〕熹疑此二句乃弟子記孔子事。又記孔子之言於下以發明之，曰「吾不與祭，如不祭」也。　先生曰：某嘗聞羅先生〔二〕曰：「祭如在，及見之者；祭神如神在，不及見之者。」〔三〕以至誠之意與鬼神交，庶幾享之。若誠心不至，於禮有失焉，則神不享矣，雖祭也何爲！

注釋

〔一〕祭如在，祭神如神在：語出論語八佾第三第一二章：「祭如在，祭神如神在。子曰：『吾不與祭，如不祭。』」

〔二〕羅先生：羅從彥，生於北宋神宗熙寧五年（一〇七二），卒於南宋高宗紹興五年（一一三五），字仲素，南劍州劍浦縣人。學者稱豫章先生。始師吴儀，後從學於楊時，又嘗問學於程頤。延平嘗受業其門下。著有遵堯録、議論要語等書。宋史卷四二八道學二有傳，宋元學案卷三九豫章學案略述其學。

〔三〕祭如在，……不及見之者：豫章此語未見於其今存著述中。

一九

問：「居上不寬，爲禮不敬，臨喪不哀，吾何以觀之哉？」〔一〕熹謂此非謂不足觀，蓋不誠無物〔二〕，無物則無以觀之也。　先生曰：居上寬，爲禮敬，臨喪哀，皆其本也。有其本而末應，若無其本，粲然文采，何足觀！

注釋

〔一〕居上不寬，……吾何以觀之哉：語出論語八佾第三第二六章。

〔二〕不誠無物：語出中庸第二五章：「誠者物之終始，不誠無物。是故君子誠之爲貴。」

二〇

問：子曰：「參乎！吾道一以貫之。」曾子曰：「唯。」子出，門人問曰：「何謂也？」曾子曰：「夫子之道，忠恕而已矣。」〔一〕熹謂曾子之學主於誠身，其於聖人之日用，觀省而服習〔二〕之，蓋已熟矣。惟未能即此以見夫道之全體，則不免疑其有二也。然用力之久，而亦將有以自得，故夫子以「一以貫之」之語告之，蓋當其可也。曾子惟此少許未達，故夫子直以此告之。曾子於是默會其旨，故門人有問，而以忠恕告之。蓋以夫子之道不離乎日用之間，自其盡己而言則謂之忠，自其及物而言則謂之恕，莫非大道之全體。雖變化萬殊於事爲之末，而所以貫之者，未嘗不一也。然則夫子所以告曾子，曾子所以告其門人，豈有異旨哉！而或者以爲忠恕未足以盡一貫之道，曾子姑以違道不遠者告其門人，使知入道之端，〔三〕恐未曾盡曾子之意也。如子思之言「忠恕違道不遠」〔四〕，乃是示人以入道之端。如孟子之言行仁義，曾子之稱夫子，乃所謂由仁義行〔五〕者也。　先生曰：伊川先生有言曰：「『維天之命，於穆不已』，忠也。『乾道變化，各正性命』，恕也。」〔六〕體會於一人之身，不過只是盡己及物之心而已。曾子於日用處，夫子自有以見之，恐其未必覺此亦是一貫之理，故卒然問曰：「參乎，吾道一以貫之。」曾子於是領會而有得焉，輒應之曰「唯」，忘其所以言也。東坡所謂口耳俱喪〔七〕者，亦佳。至於答門人之問，只是發其心耳，豈有二耶？若以謂聖人一以貫之之道，其精微非門人之問所可告〔八〕，姑以忠恕答之，恐聖賢之心不如是之支也。如孟子稱堯舜之道孝弟而已〔九〕，人皆足以知之，但合内外之道〔一〇〕，使之體用一源，顯微無間〔一一〕，精粗不二，衮同〔一二〕盡是此理，則非聖人不能是也。中庸曰「忠恕違道不遠」，特起此以示人相近處，然不能貫之，則忠恕自是一忠恕爾。

注釋

〔一〕子曰……忠恕而已矣：此爲論語里仁第四第一五章。

〔二〕服習：學習。

〔三〕或者以爲忠恕未足以盡一貫之道，……使知入道之端：二程門下游酢、楊時、尹焞皆主此説。（其説參見朱子編論孟精義卷二下里仁第四此章後。）又朱子致此書於延平前，正與胡憲、范如圭諸人議論忠恕一貫之旨。胡、范二人亦主此説。（范氏之説參見晦庵先生朱文公文集卷三七與范直閣書四通。胡氏之論，今雖不存，然據朱子與他人論忠恕之書信所引述者，亦可稍見其大旨。參見同上書卷三七與范直閣第一書，卷四〇答吴耕老及答劉平甫第八書。）由此推之，朱子此處所言之「或者」，或即指胡、范二人。

〔四〕忠恕違道不遠：語出中庸第一三章：「忠恕違道不遠，施諸己而不願，亦勿施於人。」

〔五〕行仁義　由仁義行：語出孟子離婁下第一九章：「舜明於庶物，察於人倫，由仁義行，非行仁義也。」

〔六〕「維天之命，於穆不已」，……恕也：語見河南程氏外書卷七。

〔七〕口耳俱喪：語見東坡辯曾參説：「師弟子答問，未嘗不『唯』，而曾子之『唯』，獨記於論語。一『唯』之外，口耳俱喪，而門人方欲問其所謂，此繫風捕影之流也，何足實告哉？」

〔八〕其精微非門人之問所可告：「其」，原校云「近本作甚」，則「甚」當屬上，而「精微」下當標逗號。

〔九〕堯舜之道孝弟而已：語出孟子告子下第二章：「堯、舜之道，孝弟而已矣。」

〔一〇〕合内外之道：語本中庸第二五章：「誠者非自成己而已也，所以成物也。成己，仁也；成物，知也。性之德也，合外内之道也，故時措之宜也。」

〔一一〕體用一源，顯微無間：語出程頤易傳序：「至微者理也，至著者象也。體用一源，顯微無間。」

〔一二〕衮同：混同，一道。

二一

十一月十三日書云：吾人大率〔一〕坐此窘寠〔二〕，百事驅遣〔三〕不行〔四〕，唯於稍易處處之爲庶幾〔五〕爾。某村居兀坐〔六〕，一無所爲，亦以窘迫，遇事窒塞〔七〕處多。每以古人貧甚極難堪處自體，即啜菽飲水〔八〕，亦自有餘矣。夫復何言！

注釋

〔一〕大率：參見本書第三條注〔六〕。

〔二〕坐此窘寠：「寠」，正保本作「窶」。窘寠，貧窮。

〔三〕驅遣：原指驅趕，此處指應對、處理。

〔四〕不行：不成。

〔五〕庶幾：參見本書第一一條注〔一六〕。

〔六〕兀坐：獨自端坐。

〔七〕窒塞：原指堵住，此處指行不通。

〔八〕啜菽飲水：語出禮記檀弓下：「子路曰：『傷哉貧也！生無以爲養，死無以爲禮也。』孔子曰：『啜菽飲水，盡其歡，斯之謂孝。斂首足形，還葬而無椁，稱其財，斯之謂禮。』」

考論

陳來先生以爲：「此書未標記何年。以其在原書之序次推之，疑在戊寅。則朱子來書亦在戊寅十一月初爲近。」參見陳來：朱子書信編年考證（增訂本），第一六頁。

書中延平所答涉及孟子「牛山之木」章之義、「敬」與「致知」之關係及灑然融釋之説。

二三

來喻以爲人心之既放，如木之既伐。心雖既放，然夜氣〔一〕所息，而平旦之氣生焉，則其好惡猶與人相近。木雖既伐，然雨露所滋，而萌蘖生焉，則猶有木之性也。〔二〕恐不用如此説。大凡人禮義之心何嘗無〔三〕，唯持守之，即在爾。若於旦晝間不至梏亡，則夜氣存矣。夜氣存，則平旦之氣未與物接之時，湛然虚明，氣象〔四〕自可見。此孟子發此夜氣之説，於學者極有力。若欲涵養〔五〕，須於此持守可爾，恐不須説心既放、木既伐，恐又似隔截爾。如何如何？又見喻云伊川所謂未有致知而不在敬者〔六〕，考大學之序〔七〕則不然。如夫子言非禮勿視聽言動〔八〕，伊川以爲制之於外，以養其中〔九〕數處，蓋皆各言其入道之序如此。要之，敬自在其中也，不必牽合貫穿爲一説。又所謂但敬而不明於理，則敬特出於勉强，而無灑落〔一〇〕自得之功，意不誠矣。灑落自得氣象，其地位甚高。恐前數説，方是言學者下工處，不如此則失之矣〔一一〕。由此持守之久，漸漸融釋〔一二〕，使之不見有制之於外，持敬之心，理與心爲一〔一三〕，庶幾〔一四〕灑落爾。某自聞師友之訓，賴天之靈，時常只在心目間，雖資質不美，世累〔一五〕妨奪處多，此心未嘗敢忘也。於聖賢之言，亦時有會心處，亦間有識其所以然者。但覺見〔一六〕反爲理道〔一七〕所縛，殊無進步處。今已老矣，日益恐懼。吾元晦乃不鄙孤陋寡聞，遠有質問所疑，何愧如之！

注釋

〔一〕夜氣：參見本書第一條注〔五〕。

〔二〕人心之既放，……則猶有木之性也：此爲朱子解孟子告子上第八章之語。

〔三〕大凡人禮義之心何嘗無：「禮」，光緒本、正誼堂本作「理」。大凡，表示總括一般的情況，猶言大抵。

〔四〕氣象：參見本書第七條注〔四〕。

〔五〕涵養：參見本書第一條注〔二〕。

〔六〕未有致知而不在敬者：語見二程遺書卷三：「入道莫如敬，未有能致知而不在敬者。」

〔七〕大學之序：大學云「致知在格物」，而不及敬。

〔八〕非禮勿視聽言動：語出論語顏淵第十二第一章：「子曰：『非禮勿視，非禮勿聽，非禮勿言，非禮勿動。』」

〔九〕制之於外，以養其中：語見河南程氏文集卷八四箴序：「顏淵問克己復禮之目，夫子曰：『非禮勿視，非禮勿聽，非禮勿言，非禮勿動。』四者身之用也，由乎中而應乎外，制於外所以養其中也。」

〔一〇〕灑落：參見本書第三條注〔八〕。

〔一一〕不如此則失之矣：「如」，原校云「近本作知」。「之」，原校云「近本作道」。

〔一二〕融釋：原指化解，此處特指化解義理的外在性。

〔一三〕理與心爲一：說本二程。二程遺書卷五：「理與心一，而人不能會之爲一。」又同書卷一五：「大而化，則己與理一，一則一無此字。無己。」『大而化之』，只是謂理與己一。其未化者，如人操尺度量物，用之尚不免有差，若至於化者，則己便是尺度，尺度便是己。」又同書卷二三：「聖人與理爲一，故無過，無不及，中而已矣。其他皆以心處這箇道理，故賢者常失之過，不肖者常失之不及。」

〔一四〕庶幾：參見本書第一一條注〔一六〕。

〔一五〕世累：世俗的牽累。

〔一六〕覺見：感到，發現。

〔一七〕理道：參見本書第一一條注〔一三〕。

二三

己卯〔一〕六月二十二日書云：聞不輟留意於經書中，縱未深自得〔二〕，亦可以驅遣〔三〕俗累〔四〕，氣象〔五〕自安閑也。

注釋

〔一〕己卯：即宋高宗紹興二十九年，當公元一一五九年。是年延平六十七歲，朱子三十歲。

〔二〕縱未深自得：「深自得」，光緒本作「能純粹」。

〔三〕驅遣：原指驅趕，此處指擺脱。

〔四〕俗累：世俗事務的牽累。

〔五〕氣象：參見本書第七條注〔四〕。

考論

據東景南先生考，朱子此時正在寫詩集解、論語集解、孟子集解諸書。參見東景南：朱熹年譜長編（增訂本），第二四三頁。

二四

己卯長至〔一〕後三日書云：今學者之病，所患在於未有灑然〔二〕冰解凍釋〔三〕處，縱有力持守，不過只是苟免顯然尤悔〔四〕而已。似此恐皆不足道也。

注釋

〔一〕長至：指冬至。自冬至後日漸長，故稱。一説冬至夜最長。又其本多指夏至，以夏至白晝最長，故稱。因此書繫於己卯六月二十二日書後，則其撰作時間當晚於六月二十二日，故此「長至」當指冬至。按：顧宏義先生撰朱熹師友門人往還書札彙編亦將此書繫於紹興己卯冬至後三日。參見顧宏義：朱熹師友門人往還書札彙編，第一二九八頁。

〔二〕灑然：參見本書第九條注〔四〕。

〔三〕冰解凍釋：語出莊子庚桑楚：「南榮趎曰：『然則是至人之德已乎？』曰：『非也。是乃所謂冰解凍釋者，能乎？』」比喻障礙和困難像冰融那樣消釋。

〔四〕尤悔：語本論語爲政第二第一八章。參見本書第八條注〔一〕。

二五

庚辰〔一〕五月八日書云：某晚景別無他，唯求道之心甚切。雖間能窺測一二，竟未有灑落〔二〕處。以此兀坐〔三〕，殊憒憒〔四〕不快。昔時朋友，絶無人矣，無可告語，安得不至是耶？可嘆可懼！示諭夜氣説〔五〕甚詳，亦只是如此，切不可更生枝節尋求，即恐有差。大率〔六〕吾輩立志已定，若看文字，心慮一澄然之時，略綽〔七〕一見與心會處，便是正理。若更生疑，即恐滯礙。伊川語録中有記明道嘗在一倉中坐，見廊柱多，因默數之，疑以爲未定，屢數愈差，遂至令一人敲柱數之，乃與初默數之數合〔八〕，正謂此也。夜氣之説所以於學者有力者〔九〕，須是兼旦晝存養〔一〇〕之功，不至梏亡，即夜氣清，若旦晝間不能存養，即夜氣何有！疑此便是「日月至焉」〔一一〕氣象〔一二〕也。某曩時從羅先生〔一三〕學問，終日相對静坐，只説文字，未嘗及一雜語。先生極好静坐，某時未有知，退入室中，亦只静坐而已。先生令静中看喜怒哀樂未發之謂中〔一四〕，未發時作何氣象。此意不唯於進學有力，兼亦是養心之要。元晦偶有心恙，不可思索，更於此一句内求之，静坐看如何，往往不能無補也。此中相去稍遠，思欲一見，未之得。恐元晦以親旁無人傔侍〔一五〕，亦難一來。奈何！切望隨宜攝養〔一六〕，勿貽〔一七〕親念，爲至禱也。

注釋

〔一〕庚辰：即宋高宗紹興三十年，當公元一一六〇年。是年延平六十八歲，朱子三十一歲。

〔二〕洒落：參見本書第三條注〔八〕。

〔三〕兀坐：參見本書第二一條注〔六〕。

〔四〕憒憒：煩悶，憂愁。

〔五〕夜气説：參見本書第一條注〔五〕。

〔六〕大率：參見本書第三條注〔六〕。

〔七〕略綽：大致，大略。

〔八〕伊川語録中有記明道嘗在一倉中坐，……乃與初默數之數合：語見二程遺書卷二上。其中曰：「伯淳昔在長安倉中閑坐，後見長廊柱，以意數之，已尚不疑，再數之不合，不免令人一一聲言而數之，乃與初數者無差，則知越著心把捉越不定。」

〔九〕夜氣之説所以於學者有力者：「以」，原校云「近本作謂」。

〔一〇〕存養：參見本書第一條注〔七〕。

〔一一〕日月至焉：語出論語雍也第六第五章：子曰：「回也，其心三月不違仁，其餘則日月至焉而已矣。」

〔一二〕氣象：參見本書第七條注〔四〕。

〔一三〕羅先生：即羅從彥，詳參本書第一八條注〔一一〕。

〔一四〕喜怒哀樂未發之謂中：語本中庸：「喜怒哀樂之未發，謂之中。」

〔一五〕傔侍：傔音「欠」，侍從。

〔一六〕切望隨宜攝養：「宜」，正保本作「意」。隨宜，隨時、隨處。攝養，調養。

〔一七〕貽：遺留，留下。

考論

是年，朱子與李侗師弟子之間書信共計兩封，討論論語、孟子與太極通書，涉及主靜存養、灑然融釋諸問題；朱子並於十月親見李侗於延平，受教數月而歸；朱子亦於此年著成孟子集解。參見束景南：朱熹年譜長編（增訂本），第二四九—二六五頁。

二六

承惠示濂溪〔一〕遺文與潁濱〔二〕語、孟，極荷愛厚，不敢忘，不敢忘。逦書向亦曾見一二〔三〕，但不曾得見全本，今乃得一觀，殊慰卑抱也。二蘇〔四〕語、孟説，儘有可商論處，俟他日見面論之。嘗愛黄魯直〔五〕作濂溪詩序〔六〕云：「春陵周茂叔〔七〕，人品甚高，胸中灑落〔八〕，如光風霽月。」此句形容有道者氣象〔九〕絶佳。胸中灑落，即作爲盡灑落矣。學者至此雖甚遠，亦不可不常存此體段〔一〇〕在胸中，庶幾〔一一〕遇事廓然，於道理方少進。願更存養〔一二〕如此。

注釋

〔一〕濂溪：即周敦頤，濂溪乃其號。

〔二〕潁濱：即蘇轍，潁濱乃其號。

〔三〕逦書向亦曾見一二：「逦書」，光緒本作「遺書」，正誼堂本作「通書」。

〔四〕二蘇：即蘇軾、蘇轍兄弟。

〔五〕黄魯直：黄庭堅，字魯直，自號山谷道人，洪州分寧（今江西省修水縣）人。宋史卷四四四文苑六有傳。四部叢刊初編收録有豫章黄先生文集三十卷。

〔六〕濂溪詩序：豫章黄先生文集卷一收録黄魯直濂溪詩一首和序一篇。

其詩曰：

溪毛秀兮水清，可飯羹兮濯纓，不漁民利兮又何有於名。

弦琴兮觴酒，寫溪聲兮延五老以爲壽。

蟬蜕塵埃兮玉雪自清，聽潺湲兮鑒澄明。

激貪兮敦薄，非青蘋白鷗兮誰與同樂。

津有舟兮蕩有蓮，勝日兮與客就閒。

人聞絜音兮不知何處散髮醉，高荷爲蓋兮倚芙蓉以當伎。

霜清水寒兮舟著平沙，八方同宇兮雲月爲家。

懷連城兮佩明月，魚鳥親人兮野老同社而爭席。

白雲蒙頭兮與南山爲伍，非夫人攘臂兮誰余敢侮。

其序曰：

春陵周茂叔，人品甚高，胸中灑落，如光風霽月。好讀書，雅意林壑。初不爲人窘束世故，權輿仕籍，不卑小官，職思其憂。論法常欲與民，決訟得情而不喜。其爲少吏，在江湖郡縣蓋十五年，所至輒可傳。任司理參軍，轉運使以權利變具獄，茂叔爭之不能得，投告身欲去，使者斂手聽之。趙公悦道，號稱好賢。人有惡茂叔者，趙公以使者臨之甚威，茂叔處之超然。其後迺寤，曰：「周茂叔天下士也。」薦之於朝，論之於士大夫，終其身。其爲使者，進退官吏，得罪者自以不冤。中歲乞身，老於湓城。有水發源於蓮花峯下，潔清紺寒，下合於湓江。茂叔濯纓而樂之，築屋於其上，用其平生所安樂，媲水而成，名曰濂溪。與之遊者曰：「溪名未足以對茂叔之美。」雖然，茂叔短於取名而惠於求志，薄於徼福而厚於得民；菲於奉身而燕及煢嫠，陋於希世而尚友千古。聞茂叔之餘風，猶足以律貪，則此溪之水配茂叔以永久，所得多矣。茂叔諱敦實，避厚陵奉朝請名，改敦頤。二子壽、燾，皆好學承家，求予作濂溪詩，思詠潛德。茂叔雖仕宦三十年，而平生之志，終在丘壑。故余詩詞不及世故，猶髣髴其音塵。

〔七〕周茂叔：即周敦頤，茂叔乃其字。

〔八〕灑落：參見本書第三條注〔八〕。

〔九〕氣象：參見本書第七條注〔四〕。

〔一〇〕體段：參見本書第一〇條注〔四〕。

〔一一〕庶幾：參見本書第一一條注〔一六〕。

〔一二〕存養：參見本書第一條注〔七〕。

二七

羅先生〔一〕山居詩〔二〕，某記不全，今只據追思得者録去。顔樂齋詩云：「山染嵐光帶日黃，蕭然茅屋枕池塘。自知寡與真堪笑，此一句似非。賴有顔瓢〔三〕一味長。」池畔亭曰濯纓詩云：「擬把冠纓挂牆壁，等閑窺影自相酬。」邀月臺詩云：「矮作牆垣小作臺，時邀明月寫襟懷。夜深獨有長庚伴，不許庸人取次來。」又有獨寐榻、白雲亭詩〔四〕，皆忘記。白雲亭坐處，望見先生母氏墳，故名。某向日見先生將出此詩，邀月臺詩後兩句不甚愜人意，嘗妄意云：「先生可改下兩句，不甚渾然。」先生別云：「也知鄰鬪非吾事，且把行藏付酒杯。」蓋作此數絶時，正靖康〔五〕間也。

注釋

〔一〕羅先生：即羅從彦，詳參本書第一八條注〔二〕。

〔二〕山居詩：山居詩興起於唐，與佛教山居傳統密切相關。山居即在山林居住，佛教有山林修禪的傳統，佛教徒居山以摒除外緣，一心參禪，隱逸全身，遠離政治。參看祁偉：佛教山居詩研究，第五一—五六頁。本段提到的五首山居詩，僅顔樂齋和邀月臺留存，可見於正誼堂本羅豫章文集。

另據沙縣志儒林傳羅豫章傳載：「山居有顔樂齋、寄傲軒、邀月亭、獨寐龕、白雲亭、濯纓亭，每日賦詩，與默堂倡和。」（民國梁伯蔭修，羅克涵纂：福建省沙縣志，第三册，第八七五頁）

〔三〕顔瓢：源自論語雍也第六第九章：「子曰：『賢哉回也。一簞食，一瓢飲，在陋巷，人不堪其憂，回也不改其樂。賢哉回也。』」

〔四〕又有獨寐榻白雲亭詩：「榻」，原校云「近本作龕」。獨寐榻、白雲亭詩，據羅豫章先生文集卷十末載：「先生白雲亭、獨寐龕、寄傲軒皆有詩及銘記數篇。以紙蛀朽，録不能全。俟後搜尋真本，當得其録旨。嘉定己卯中春，屏山羅棠君美敬書。」可知已亡佚。

〔五〕靖康：北宋欽宗年號，當公元一一二五年至一一二六年。宋史欽宗本紀對靖康年間事有記載。當然，這其中最爲歷史記住的就是「靖康之耻」，即前句所云「鄰鬭」之事。

二八

聞召命不至〔一〕，復有指揮。今來亦執前説辭之，甚佳。蓋守之已定，自應如此，縱煎迫擾擾，何與我事。若於義可行，便脱然〔二〕一往，亦可也。某嘗以謂遇事若能無毫髮固滯，便是灑落。即此心廓然大公，無彼己之偏倚，庶幾〔三〕於理道〔四〕一貫。若見事不徹，中心未免微有偏倚，即涉固滯，皆不可也。未審元晦以爲如何？爲此説者，非理道明，心與氣合，未易可以言此。不然，只是説也。

注釋

〔一〕聞召命不至：「至」，原校云「近本作置」。召命不至，朱子去年（紹興二十九年，當公元一一五九年）援同召者例陳請岳庙任滿赴行在，必是朝廷未允，故是年又有召命。參見束景南：朱熹年譜長編（增訂本），第二四五頁。朱子答劉平甫第三書云：「熹以同召者例有任滿指揮，不免援例陳請，范丈亦以爲兄至此。」此書即在紹興二十九年（一一五九）作。

〔二〕脱然：參見本書第二條注〔四〕。

〔三〕庶幾：參見本書第一一條注〔一六〕。

〔四〕理道：參見本書第一一條注〔一三〕。

二九

庚辰七月書云：某自少時從羅先生〔一〕學問，彼時全不涉世故，未有所入，聞先生之言，便能用心靜處尋求。至今淟汩〔二〕憂患，磨滅甚矣。四五十年間，每遇情意不可堪處，即猛省提掇〔三〕，以故初心未嘗忘廢，非不用力，而迄于今更無進步處。常切靜坐思之，疑於持守及日用儘有未合處，或更有關鍵未能融釋〔四〕也。向來嘗與夏丈〔五〕言語間稍無間，因得一次舉此意質之。渠〔六〕乃以釋氏之語來相淘〔七〕，終有纖奸打訛〔八〕處，全不是吾儒氣味，旨意大段〔九〕各別，當俟他日相見劇論可知。大率〔一〇〕今人與古人學殊不同。如孔門弟子，羣居終日相切摩，又有夫子爲之依歸，日用間相觀感而化者甚多。恐於融釋而脱落處，非言説可及也。不然，子貢何以謂「夫子之言性與天道，不可得而聞」〔一一〕耶？元晦更潛心於此，勿以老邁爲戒，而怠於此道。乃望承欲秋涼一來，又不知偏侍〔一二〕下别無人〔一三〕，可以釋然一來否？只爲往來月十日事，疑亦可矣。但亦須處得老人情意帖帖無礙乃佳爾。

注釋

〔一〕羅先生：即羅從彦，詳參本書第一八條注〔二〕。

〔二〕淟汩：淟音「舔」，汩音「古」。沉淪，埋没。

〔三〕提掇：提起，振作。

〔四〕融釋：參見本書第二三條注〔一一〕。

〔五〕夏丈：疑爲夏臻，字幾道，福清人。熙寧六年進士，元祐間知龍溪縣事，終朝奉郎，知梧州。

〔六〕渠：他，此處指夏丈。

〔七〕相淘：使疏通、疏浚。

〔八〕纖奸打訛：巧佞詐僞。

〔九〕大段：參見本書第四條注〔六〕。

〔一〇〕大率：參見本書第三條注〔六〕。

〔一一〕夫子之言性與天道，不可得而聞：語出論語公冶長第五第一二章：「子貢曰：『夫子之文章，可得而聞也；夫子之言性與天道，不可得而聞也。』」

〔一二〕偏侍：謂雙親一方去世，一方尚在。

〔一三〕又不知偏侍下别無人：「偏侍」，光緒本同，正誼堂本作「傔侍」。

三〇

所云見語録中有「仁者渾然與物同體」〔一〕一句，即認得西銘意旨。所見路脈甚正，宜以是推廣求之。然要見一視同仁氣象却不難，須是理會分殊，雖毫髮不可失，方是儒者氣象〔二〕。

注釋

〔一〕仁者渾然與物同體：出自程顥識仁篇：「學者須先識仁。仁者，渾然與物同體。」

〔二〕氣象：參見本書第七條注〔四〕。

三一

又云因看「必有事焉而勿正，心勿忘，勿助長」〔一〕數句，偶見全在日用間非著意〔二〕、非不著意處，才有毫髮私意，便没交涉。此意亦好，但未知用處却如何，須喫緊〔三〕理會這裏始得。某曩時傳得呂與叔〔四〕中庸解〔五〕甚詳。當時陳幾叟〔六〕與羅先生〔七〕門皆以此文字説得浸灌浹洽，比之龜山解〔八〕，却似枯燥。晚學未敢論此。今此本爲相知借去，亡之已久，但尚記得一段云：「謂之有物，則不得於言；謂之無物，則必有事焉。不得於言者，視之不見，聽之不聞，無聲形接乎耳目而可以道焉。必有事焉者，莫見乎隱，莫顯乎微，體物而不可遺者也。」學者見乎此，則庶乎能擇乎中庸而執之隱微之間。不可求之於耳目，不可道之於言語。然有所謂昭昭而不可欺、感之而能應者，正惟虚心以求之，則庶乎見之。又據孟子説「必有事焉」，至於「助長」、「不耘」之意，皆似是言道體處。來諭乃體認出來，學者正要如此，但未知用時如何。吻合渾然，體用無間乃是。不然，非著意、非不著意，溟溟涬涬〔九〕，疑未然也。某嘗謂進步不得者，髣髴多是如此類窒礙〔一〇〕，更望思索。它日熟論，須見到心廣體胖，遇事一一灑落〔一一〕處，方是道理。不爾，只是説也。

注釋

〔一〕必有事焉而勿正，心勿忘，勿助長：出自孟子公孫丑上第二章。

〔二〕著意：集中注意力，用心。

〔三〕喫緊：仔細，認真。

〔四〕吕與叔：即吕大臨，與叔乃其字，號芸閣，陝西藍田人，生於北宋仁宗慶曆二年（一〇四二），卒於北宋哲宗元祐五年（一〇九〇）。宋元學案吕范諸儒學案記載：「初學於横渠，横渠卒，乃東見二程先生，故深淳近道，而以防檢窮索爲學。」與謝良佐、游酢、楊時在程門稱四先生。宋史卷三四〇有傳，宋元學案卷三一有吕范諸儒學案。

〔五〕中庸解：未見於四庫全書總目。

〔六〕陳幾叟：即陳淵，字知默，南劍州沙縣人，生於北宋神宗熙寧八年（一〇七五），卒於南宋高宗紹興二十四年（一一五四）。初名漸，字幾叟。早年從學於二程（尤指程頤），後學於楊時，與羅豫章同門，世稱默堂先生。有默堂集三十卷。宋史卷三七六有傳，宋元學案卷三八有默堂學案。

〔七〕羅先生：即羅從彦，詳參本書第一八條注〔一〕。

〔八〕龜山解：指楊時中庸解義，已佚。其序中庸義序可見於康熙丁亥雕版、光緒乙卯重修楊龜山先生集卷二五。

〔九〕溟溟涬涬：不著邊際。

〔一〇〕窒礙：障礙，指行事或議論不可通之處。

〔一一〕灑落：參見本書第三條注〔八〕。

三二

又云「便是日月至焉氣象」一段。某之意，只謂能存養〔一〕者，積久亦可至此。若比之「不違」〔二〕，氣象又迥然别也。今之學者雖能存養，知有此理，然旦晝之間一有懈焉，遇事應接舉處，不覺打發機械〔三〕，即離間而差矣。唯存養熟，理道〔四〕明，習氣漸爾消鑠，道理油然而生，然後可進，亦不易也。來諭以謂能存養者，無時不在，不止「日月至焉」。若如此時，却似輕看了也。如何？

注釋

〔一〕存養：參見本書第一條注〔七〕。

〔二〕不違：語出論語雍也第六第五章：「子曰：『回也，其心三月不違仁，其餘則日月至焉而已矣。』」

〔三〕機械：巧詐。

〔四〕理道：參見本書第一一條注〔一三〕。

考論

此段師弟子二人討論何爲「日月至焉氣象」，二五條亦論及，可參看。

三三

承諭心與氣合及所注小字意。若逐一理會心與氣，即不可。某鄙意止是形容到此解會融釋〔一〕，不如此，不見所謂氣、所謂心渾然一體流浹〔二〕也。到此田地，若更分別那箇是心，那箇是氣，即勞攘〔三〕爾。不知可以如此否？不然，即成語病無疑。若更非是，無惜勁論，吾儕正要如此。

注釋

〔一〕融釋：參見本書第二三條注〔一二〕。

〔二〕浹：融洽，通達。

〔三〕勞攘：即紛擾，紛亂。

三四

録示明道二絶句〔一〕，便是吟風弄月，有「吾與點也」〔二〕之氣味。某尚疑此詩，若是初見周茂叔〔三〕歸時〔四〕之句即可，此後所發之語，恐又不然也。

注釋

〔一〕二絶句今不可考。

〔二〕吾與點也：語出論語先進第十一第二五章：「曰：『暮春者，春服既成。冠者五六人，童子六七人，浴乎沂，風乎舞雩，詠而歸。』夫子喟然歎曰：『吾與點也。』」

〔三〕周茂叔：即周敦頤，茂叔乃其字。

〔四〕關於程顥見周敦頤一事，二程遺書卷三謝顯道記憶平日語載：「某自再見茂叔後，吟風弄月以歸，有『吾與點也』之意」。

三五

二蘇語、孟説〔一〕，儘〔二〕有好處。蓋渠〔三〕聰明過人，天地間理道〔四〕不過只是如此，有時見到，皆渠聰明之發也。但見到處却有病〔五〕，學者若要窮理，亦不可不論。某所謂儘〔六〕有商議者謂此爾〔七〕。如來論云：「説養氣處，皆顛倒了。」渠本無淵源，自應如此也。然得惠此本，所警多矣。

注釋

〔一〕二蘇語、孟説：二蘇，即蘇軾、蘇轍兄弟。語説，即蘇軾所作論語説及蘇轍所作論語拾遺。孟説，即蘇軾論語説中對孟子的解讀和蘇轍孟子解。論語説中有「蘇子辨孟」的八條材料，邵博聞見後録和余允文尊孟辨中都有收録。「蘇子辨孟」内容有：「假之與性」、「食色性也」、「較理食之輕重」、「以生道殺民」、「大人者，言不必信，行不必果」、「子産爲惠人」、「今樂猶古樂」、「有見於性而難於善」。

〔二〕儘：皆。

〔三〕渠：即他，此處指二蘇。

〔四〕理道：參見本書第一一條注〔一三〕。

〔五〕但見到處却有病：「見」下，原校云「近本有不字」。

〔六〕儘：還，仍然。

〔七〕某所謂儘有商議者謂此爾：呼應第二六條云：「二蘇語、孟說，儘有可商議處，俟他日見面論之。」

三六

某兀坐〔一〕於此，朝夕無一事。若可以一來，甚佳。致千萬意如此。然又不敢必覬〔二〕，恐侍旁乏人，老人或不樂，即未可。更須於此審處〔三〕之。某尋常處事，每值情意迫切處，即以輕重本末處之，似少悔吝〔四〕。願於出處〔五〕間更體此意。

注釋

〔一〕兀坐：參見本書第二一條注〔六〕。

〔二〕覬：希望。

〔三〕審處：審慎處理。

〔四〕悔吝：語本周易繫辭上：「悔吝者，憂虞之象也。」孔穎達疏：「正義曰：『經稱悔吝者，是得失微小，初時憂念虞度之形象也。以憂虞不已，未是大凶，終致悔吝。悔者，其事已過，意有追悔之也。吝者，當事之時，可輕鄙恥，故云吝也。』」參見王弼著，孔穎達疏：周易正義（十三經注疏），第三〇八頁。

〔五〕出處：即出仕與隱退。語本周易繫辭上：「君子之道，或出或處，或默或語，二人同心，其利斷金。」

考論

此條爲庚辰七月書之結尾，延平於此呼應開頭「乃望承欲秋涼一來，又不知偏侍下別無人，可以釋然一來否？只爲往來月十日事，疑亦可矣。但亦須處得老人情意帖帖無礙乃佳爾。」是年，延平兩邀朱子前來論學，另一見於庚辰五月八日書（參見二五條）；在延平所寄兩書之後，朱子於此年十月間與其一會，受教閱數月而歸。參見束景南：朱熹年譜長編（增訂本），第二五九頁。

三七

辛巳〔一〕二月二十四日書云：示下所疑極荷不外〔二〕，已有鄙見之説繼其後矣。但素來拙訥，發脱道理不甚明亮，得以意詳之可也。

注釋

〔一〕辛巳：即高宗紹興三十一年，當公元一一六一年。是年延平六十八歲，朱子三十一歲。

〔二〕極荷不外：延平自謙語，猶言承蒙看重。

考論

是年二月，朱子有與李侗論學答問書，討論周敦頤太極圖説等。五月，有與李侗論學答問書，討論論語等，延平先生稱其能漸灑然融釋。

三八

問：「性相近也，習相遠也。」〔一〕二程先生謂，此言氣質之性〔二〕，非性之本。〔三〕尹和靖〔四〕云：「性一也，何以言相近？蓋由習相遠而爲言。」〔五〕熹按：和靖之意，云性一也，則正是言性之本、萬物之一源處。所以云「近」，但對「遠」而言，非實有異品而相近也。竊謂此説意稍渾全〔六〕，不知是否？　先生曰：尹和靖之説雖渾全，然却似没話可説，學者無着力處。恐須如二先生謂此言氣質之性，使人思索體認氣質之説道理如何爲有力爾。蓋氣質之性不究本源〔七〕，又由習而相遠，政要玩此曲折也〔八〕。

注釋

〔一〕性相近也，習相遠也：出自論語陽貨第十七第二章。

〔二〕氣質之性：宋儒張載首先提出天地之性與氣質之性的區分：「形而後有氣質之性，善反之，則天地之性存焉。故氣質之性，君子有弗性者焉。」

〔三〕二程先生謂，此言氣質之性，非性之本：語出二程遺書卷一八：「『性相近也，習相遠也』，性一也，何以言近？」曰：「此只是言性一作氣質之性，如俗言性急性緩之類。性安有緩急？此言性者，生之謂性也。」又問：「上智下愚不移是性否？」曰：「此是才。須理會得性與才所以分處。」

〔四〕尹和靖：即尹焞，生於北宋神宗熙寧四年（一〇七一），卒於南宋高宗紹興十二年（一一四二），字彥明，一字德充，今河南洛陽人。少師事程頤。靖康初召至京師，不欲留，賜號和靖處士。今有和靖先生集及論語解傳世。宋史卷四二八道學二有傳，宋元學案卷二七有和靖學案。

〔五〕性一也，何以言相近？蓋由習相遠而爲言：和靖之謂出處未詳。今見引於朱子編論孟精義卷九上陽貨第十七此章後：「性一也，何以言相近？蓋由習則遠而爲言。」

〔六〕渾全：籠統。

〔七〕蓋氣質之性不究本源：「質」下，光緒本、正誼堂本有校語云「近本無質字」。

〔八〕政要玩此曲折也：「政」，原校云「近本作故」。

三九

問：公山弗擾、佛肸二章〔一〕，程先生謂，欲往者，聖人以天下無不可改過之人，故欲往；然終不往者，知其必不能改也。〔二〕又云，欲往者，示人以迹，子路不喻。居夷、浮海〔三〕之類。熹疑召而欲往，乃聖人虚明〔四〕應物之心，答其善意，自然而發。終不往者，以其爲惡已甚，義不可復往也。此乃聖人體用不偏，道並行而不相悖處。不知是否？又兩條告子路不同者，即其所疑而喻之爾。子路於公山氏，疑聖人之不必往，故夫子言可往之理。此語意中微似竿木隨身〔五〕之意，不知然否？於佛肸，恐其浼〔六〕夫子也，故夫子告以不能浼己之意。不知是否？又謂示人以迹者，熹未喻其旨。　先生曰：元晦前説深測聖人之心〔七〕。一箇體段〔八〕甚好，但更有少礙。若使聖人之心不度義，如此易動，即非。就此更下語。又兩條告子路不同，即其疑而喻之。以下亦佳。「竿木隨身」之説，氣象〔九〕不好，聖人定不如是。元晦更熟玩孔子所答之語，求一指歸處方是〔一〇〕。聖人廓然明達，無所不可，非道大德宏者，不能爾也。子路未至此，於所疑處即有礙。龜山〔一一〕謂之包羞〔一二〕，誠有味也。示人以迹，恐只是心迹〔一三〕。據此，事迹皆可爲，然又未必爾者，蓋有憂樂行違確然之不同，無定體也。

注釋

〔一〕公山弗擾、佛肸二章：皆出自論語陽貨第十七第五章、第七章，茲録原文如下：「公山弗擾以費畔，召，子欲往。子路不説，曰：『末之也已，何必公山氏之之也。』子曰：『夫召我者而豈徒哉？如有用我者，吾其爲東周乎？』佛肸召，子欲往。子路曰：『由也聞諸夫子曰：「親於其身爲不善者，君子不入也。」佛肸以中牟畔，子之往也，如之何！』子曰：『然。有是言也。不曰堅乎，磨而不磷；不曰白乎，涅而不緇。吾豈匏瓜也哉？能繫而不食？』」

〔二〕程先生謂……知其必不能改也：語出二程遺書卷二二上：「公山弗擾、佛肸召，子欲往者，聖人以天下無不可與有爲之人，亦無不可改過之人，故欲往。然終不往者，知其必不能改也。子路遂引「親於其身爲不善」爲問，孔子以堅白匏瓜爲對。『繫而不食』者，匏瓜繫而不爲用之物，『不食』，不用之義也。匏瓜亦不食之物，故因此取義也。」

〔三〕居夷、浮海：「居夷」出自論語子罕第九第一三章：「子欲居九夷。或曰：『陋，如之何！』子曰：『君子居之，何陋之有？』」「浮海」出自論語公治長第五第六章：「子曰：『道不行，乘桴浮於海。從我者其由與？』子路聞之喜。子曰：『由也好勇過我，無所取材。』」

〔四〕虛明：指内心清虛純潔。

〔五〕竿木隨身：「竿木隨身，逢場作戲」原指戲劇演員將演出道具隨身攜帶，遇有恰當的場合便可演出。本領在胸，隨在作戲。出自釋道原景德傳燈録。宋代一般用爲本領在胸，得心應手。

朱子以爲孔子所言「如有用我者，吾其爲東周乎？」、「吾豈匏瓜也哉？焉能繫而不食？」，似有得心應手，但求盡己之力之意。

〔六〕浼：音「每」，污染、玷污之意。

〔七〕元晦前説深測聖人之心：「測」，原校云「近本作得」。

〔八〕體段：參見本書第一〇條注〔四〕。

〔九〕氣象：參見本書第七條注〔四〕。

〔一〇〕求一指歸處方是：「是」，原校云「近本作見」。

〔一一〕龜山：指楊時，詳參本書第一七條注〔四〕。

〔一二〕包羞：意爲承受羞辱。出自周易否卦六三：「包羞。象曰：『包羞，位不當也。』」

〔一一〕有味：即有玩味的價值。

〔一三〕恐只是心迹：「迹」下，原校云「近本多之迹二字」。光緒本無原校。

四〇

問：「予欲無言」〔一〕，明道、龜山〔二〕皆云此語爲門人而發〔三〕。熹恐此句從聖人前後際斷〔四〕，使言語不著處不知不覺地流出來，非爲門人發也。子貢聞之而未喻，故有疑問。到後來自云「夫子之文章可得而聞也，夫子之言性與天道不可得而聞也」〔五〕，方是契此旨趣。顔、曾則不待疑問，若子貢以下，又不知所疑也。　先生曰：此一段説甚佳，但云「前後際斷，使言語不著處不知不覺地流出來」，恐不消如此説。只玩夫子云「天何言哉？四時行焉，百物生焉，天何言哉」數語，便見氣味深長，則「予欲無言」，可知旨歸矣。

注釋

〔一〕予欲無言：語出自論語陽貨第十七第一九章：「子曰：『予欲無言。』子貢曰：『子如不言，則小子何述焉？』子曰：『天何言哉？四時行焉，百物生焉，天何言哉？』」

〔二〕龜山：即楊時，詳參本書第一七條注〔四〕。

〔三〕明道、龜山皆云此語爲門人而發：二程遺書卷一端伯傳師説載：「如説妄説幻爲不好底性，則請別尋一箇好底性來換了此不好底性著。道即性也，若道外尋性，性外尋道，便不是。聖賢論天德，蓋謂自家元是天然完全自足之物。若無所污壞，即當直而行之，若小有污壞，即敬以治之，使復如舊。所以能使如舊者，蓋爲自家本質原是完足之物。若合修治而修治之，是義也，若不消修治而不修治，亦是義也，故常簡易明白而易行。禪學者總是强生事，至於山河大地之説，是他山河大地，又干你何事。至於孔子道如日星之明，猶患門人未能盡曉，故曰『予欲無言』。如顏子則便默識，其他未免疑問，故曰『小子何述』。又曰『天何言哉？四時行焉，百物生焉』，可謂明白矣。若能於此言上看得破，便信是會禪也。非是未尋得，蓋實是無去處説，此理本無二故也。」論孟精義卷九上陽貨第十七載楊時語：「子貢能言者也，而天下之理有言之不能諭者，故子曰『予欲無言』以發之。易曰：『默而成之，不言而信，存乎德行。』記曰：『天道至教，聖人至德。』其斯之謂乎？」

〔四〕前後際斷：際謂時間，前際即過去一念，後際即未來一念。有爲法雖現念念相續之相，其實無一念實體常住。禪宗以參禪中心念的相續忽然被打斷名前後際斷。

〔五〕夫子之文章可得而聞也，夫子之言性與天道不可得而聞也：語出自論語公冶長第五第一二章。

四一

問：「殷有三仁焉」〔一〕，和靖先生〔二〕曰：「無所擇於利害而爲所當爲，惟仁者能之。」〔三〕熹未見微子當去，箕子當囚，比干當死，端的〔四〕不可易處。不知使三人者易地而處，又何如？東坡云：「箕子常欲立微子，帝乙不從而立紂，故箕子告微子曰：『我舊云刻子，王子不出，我乃顛隮。』〔五〕言我舊所言者害子，子若不去，並我得禍。是以二子或去或囚。蓋居可疑之地，雖諫不見聽，故不復諫。比干則無所嫌〔六〕，故諫而死。」〔七〕胡明仲〔八〕非之曰：「如此是避嫌疑、度利害也。以此論仁，不亦遠乎？」〔九〕熹按：此破東坡之説甚善，但明仲自解乃云：「微子，殷王元子〔一〇〕，以存宗祀爲重，而非背國也。比干，三孤〔一一〕，以義弼君，以存人臣之義，而非要名也。箕子，天畀九疇〔一二〕，以存皇極之法〔一三〕，爲天而非貪生也。」〔一四〕熹恐此説亦未盡善。如箕子一節，尤無意思。不知三人者端的當爲處，當如何以求之？　先生曰：三人各以力量竭力而爲之，非有所擇，此求仁得仁者也。微子義當去。箕子囚奴，偶不死爾。比干即以死諫，庶幾〔一五〕感悟。存祀、九疇，皆後來事，初無此念也，後來適然〔一六〕爾。豈可相合看，致仁人之心不瑩徹〔一七〕耶？仁只是理，初無彼此之辨。當理而無私心，即仁矣。胡明仲破東坡之説可矣，然所説三人後來事相牽，何異介甫之説三仁〔一八〕？恐如此政是病處，昏了仁字，不可不察。

注釋

〔一〕殷有三仁焉：語出論語微子第十八第一章：「微子去之，箕子爲之奴，比干諫而死。孔子曰：『殷有三仁焉。』」

〔二〕和靖先生：即尹焞，詳參本書第一七條注〔四〕。

〔三〕無所擇於利害而爲所當爲，惟仁者能之：和靖之謂出處未詳。今見引於朱子編論孟精義卷九上微子第十八此章後：尹曰：「無所擇於利害而爲所當爲，惟仁者能之，君子之事不必同也，其於利害無所擇，則一也。書曰：『自靖，人自獻於先王，故孔子皆以爲仁也。』」

〔四〕端的：猶確定也。

〔五〕我舊云刻子，王子不出，我乃顛隮：語出尚書商書五微子第九。

〔六〕比干則無所嫌：「嫌」，原校云「近本作逆」。

〔七〕箕子常欲立微子……故諫而死：東坡所云今不可考。

〔八〕胡明仲：即胡寅，字明仲，胡安國弟之子，主要著作有讀史管見、論語詳説以及斐然集三十卷，宋史卷四三五儒林五有傳。

〔九〕如此是避嫌疑……不亦遠乎：此語出處今不可考。

〔一〇〕元子：天子或諸侯的嫡長子。

〔一一〕三孤：周朝有三孤卿，即少師、少傅、少保，輔佐三公（太師、太傅、太保）。

〔一二〕天畀九疇：畀，賜予。九疇，指九類。尚書中有「不畀洪範九疇」，鄭玄釋爲「不與天道大法九類」。

〔一三〕皇極：皇，大也；極，中也。這裏「皇極之法」即大中至正之道。

〔一四〕微子……爲天而非貪生也：此語出處今不可考。

〔一五〕庶幾：參見本書第一一條注〔一六〕。

〔一六〕適然：偶然。

〔一七〕瑩澈：形容求仁者之心境光明透徹。

〔一八〕介甫之説三仁：介甫即王安石，王安石在推命對中説「桀、紂之世，飛廉進而三仁退，是天人之道悖也。」王安石認爲三仁的行爲是天人之道悖離所驅使的。

四二

問：「太極動而生陽」〔一〕，先生嘗曰：「此只是理，做已發看不得。」熹疑既言「動而生陽」，即與復卦〔二〕一陽生而「見天地之心」何異。竊恐「動而生陽」，即天地之喜怒哀樂發處〔三〕，於此即見天地之心；二氣交感、化生萬物〔四〕，即人物之喜怒哀樂發處，於此即見人物之心。如此做兩節看，不知得否？　先生曰：「太極動而生陽」，至理之源，只是動靜闔闢〔五〕。至於終萬物、始萬物，亦只是此理一貫也。到得二氣交感、化生萬物時，又就人物上推，亦只是此理。中庸以喜怒哀樂未發已發言之，又就人身上推尋，至於見得大本達道處，又袞同〔六〕只是此理。此理就人身上推尋，若不於未發已發處看，即何緣知之？蓋就天地之本源與人物上推來，不得不異。此所以於「動而生陽」，難以爲喜怒哀樂已發言之，在天地只是理也。今欲作兩節看，切恐差了。復卦「見天地之心」，先儒以爲靜見天地之心〔七〕，伊川先生以爲動乃見〔八〕，此恐便是「動而生陽」之理。然於復卦發出此一段示人，又於初爻〔九〕以顏子「不遠復」〔一〇〕爲之，此只要示人無間斷之意。人與天理一也，就此理上皆收攝來，「與天地合其德，與日月合其明，與四時合其序，與鬼神合其吉凶」〔一一〕，皆其度内爾。妄測度如此，未知元晦以爲如何？有疑，更容他日得見劇論。語言既拙，又無文采，似發脱不出也。元晦可意會消詳〔一二〕之，看理道〔一三〕通否。

注釋

〔一〕太極動而生陽：語出周敦頤太極圖説：「無極而太極。太極動而生陽，動極而静，静而生陰。静極復動。一動一静，互爲其根；分陰分陽，兩儀立焉。」

〔二〕復卦：周易之二十四卦。

〔三〕喜怒哀樂發處：語出中庸：「喜怒哀樂之未發，謂之中；發而皆中節，謂之和。中也者，天下之大本也；和也者，天下之達道也。」

〔四〕二氣交感，化生萬物：語出周敦頤太極圖説：「無極之真，二五之精，妙合而凝。『乾道成男，坤道成女』，二氣交感，化生萬物。萬物生生，而變化無窮焉。」

〔五〕闔闢：即閉合與開啓。

〔六〕衮同：參見本書第二〇條注〔一一〕。

〔七〕先儒以爲静見天地之心：如王弼周易注中有：「故動息地中，乃天地之心見也。」

〔八〕伊川先生以爲動乃見：此解或見於二程遺書卷一八：「季明問：『先生説喜怒哀樂未發謂之中是在中之義，不識何意？』曰：『只喜怒哀樂不發，便是中也。』曰：『中莫無形體，只是個言道之題目否？』曰：『非也。中有甚形體？然既謂之中，也須有個形象。』曰：『當中之時，耳無聞，目無見否？』曰：『雖耳無聞，目無見，然見聞之理在始得。』曰：『中是有時而中否？』曰：『何時而不中？以事言之，則有時而中。以道言之，何時而不中？』曰：『固是所爲皆中，然而觀於四者未發之時，靜時自有一般氣象，及至接事時又自別，何也？』曰：『善觀者不如此，却於喜怒哀樂已發之際觀之。賢且説靜時如何？』曰：『謂之無物則不可，然自有知覺處。』曰：『既有知覺，却是動也，怎生言靜？人説「復其見天地之心」，皆以謂至靜能見天地之心，非也。復之卦下面一畫，便是動也，安得謂之靜？自古儒者皆言靜見天地之心，唯某言動而見天地之心。』』

〔九〕初爻：即復卦初九：「不遠復，無祇悔，元吉。」

〔一〇〕又於初爻以顔子不遠復爲之：此處是伊川易傳中解釋初九「不遠復，無祇悔，元吉」時提到的。具體内容兹引述如下：「復者，陽反來復也。陽，君子之道，故復爲反善之義。初剛陽來復，處卦之初，復之最先者也，是不遠而復也。失而後有復，不失則何復之有？惟失之不遠而復，則不至於悔，大善而吉也。無祇悔，不至於悔也。坎卦曰：『祇既平，無咎。』謂至既平也。顔子無形顯之過，夫子謂其庶幾，乃無祇悔也。過既未形而改，何悔之有？既未能不勉而中，所欲不逾矩，是有過也，然其明而剛故一有不善未嘗不知，既知未嘗不遽改，故不至於悔，乃不遠復也。」

〔一一〕與天地合其德……與鬼神合其吉凶：語出周易：「夫大人者，與天地合其德，與日月合其明，與四時合其序，與鬼神合其吉凶，先天而天弗違，後天而奉天時。天且弗違，而況於人乎？況於鬼神乎？」

〔一二〕消詳：端詳，揣摩。

〔一三〕理道：參見本書第一一條注〔一三〕。

四三

辛巳上元日[一]書云：昔嘗得之師友緒餘[二]，以謂問學有未愜適[三]處，只求諸心。若反身而誠[四]，清通[五]和樂[六]之象見，即是自得處。更望勉力以此而已。

注釋

〔一〕上元日：即農曆正月十五。

〔二〕緒餘：殘餘。

〔三〕愜適：閒適，舒服。

〔四〕反身而誠：出自孟子盡心上第四章：「萬物皆備於我矣。反身而誠，樂莫大焉。强恕而行，求仁莫近焉。」

〔五〕清通：清明通達。

〔六〕和樂：和睦安樂。

四四

辛巳五月二十六日書云：某村居一切如舊〔一〕，無可言者。窘束爲人事所牽，間有情意不快處〔二〕，一切消釋，不復能恤。蓋日昃之離〔三〕，理應如此爾。

注釋

〔一〕某村居一切如舊：原校云「近本無某字」。

〔二〕間有情意不快處：「間」，原校云「近本作拘」。則拘當屬上。

〔三〕日昃之離：出自周易離卦九三：「日昃之離，不鼓缶而歌，則大耋之嗟，兇。」指太陽西斜，附在天邊，不久將落。

四五

承諭近日學履甚適，向所耽戀〔一〕不灑落〔二〕處，今已漸融釋〔三〕。此便是道理進之效，甚善甚善。思索有窒礙〔四〕，及於日用動靜之間有咈戾〔五〕處，便於此致思，求其所以然者，久之自循理爾。

注釋

〔一〕耽戀：即深切留戀。

〔二〕灑落：參見本書第三條注〔八〕。

〔三〕融釋：參見本書第二三條注〔一一〕。

〔四〕窒礙：參見本書第三一條注〔一〇〕。

〔五〕咈戾：違背，違反。

四六

「五十知天命」〔一〕一句，三先生之説〔二〕皆不敢輕看。某尋常看此數句，竊以謂人之生也，自少壯至於老耄，血氣盛衰消長自不同。學者若循其理，不爲其所使，則聖人之言自可以馴致〔三〕。但聖賢所至處淺深之不同爾。若五十矣，尚昧於所爲，即大不可也。横渠之説似有此意，試一思索看如何？

注釋

〔一〕五十知天命：出自論語爲政第二第四章：「子曰：『吾十有五而志於學，三十而立，四十而不惑，五十而知天命，六十而耳順，七十而從心所欲，不逾矩。』」

〔二〕三先生之説：據一五條可知，「三先生」中必有程頤、張載，另一人疑爲程顥。二程遺書中論及「五十知天命」共有三處，但僅一處確知爲程顥語，其他二處無法明確是程顥語，還是程頤語。兹録如下：「『樂天知命』，通上下之言也。聖人樂天，則不須言知命。知命者，知有命而信之者爾，『不知命無以爲君子』是矣。命者所以輔義，一循於義，則何庸斷之以命哉？若夫聖人之知天命，則異於此。」（程顥語）「孔子生而知之者也，自十五以下事皆學而知之，所以教人也。三十有所立，四十能不惑，五十知天命而未至，六十聞一以知，耳順心通也。凡人聞一言則滯於一言，一事則滯於一事，不能貫通。耳順者聞言則喻，無所不通。七十從心，然後至於命。」「『十有五而志於學，三十而立，四十而不惑』，明善之徹矣。聖人不言誠之一節者，言不惑則自誠矣。『五十而知天命』，思而知之也。『六十而耳順』，耳者在人之最末者也。至耳而順，則是不思而得也。然猶滯於迹焉，至於『七十從心所欲不踰矩』，則聖人之道終矣。此教之序也。」

横渠先生認爲：「五十窮理盡性，至天之命，然不可自謂之至，故曰知。」（參見正蒙三十篇第十一）伊川先生也認爲：「知天命，窮理盡性也。」（參見河南程氏經説卷六）對於整一章的理解，横渠先生認爲：「常人之學日益莫自知也，仲尼行著習察，異於他人，故自十五至於七十，化而知裁。其進德之盛者也！」（參見同上）伊川先生則認爲：「孔子自十五至七十，進德直有許多節次者。聖人未必然，然亦只是爲學者立下一法。盈科而後進，不可差次，須是成章乃達。」（參見二程遺書卷二一）

〔三〕馴致：語出周易：「履霜堅冰，陰始凝也；馴致其道，至堅冰也。」即逐漸達到之意。

四七

辛巳中元〔一〕後一日書云：喻及所疑數處，詳味〔二〕之，所見皆正當可喜，但於灑落〔三〕處，恐未免滯礙。今此便〔三〕速，不暇及之，謹俟涼爽，可以來訪，就曲折處相難，庶〔四〕彼此或有少補焉爾。

注釋

〔一〕中元：即農曆七月十五。

〔二〕詳味：參見本書第一三條注〔五〕。

〔三〕便：副詞，就，隨即。

〔四〕庶：但願、或許之意。

四八

辛巳十月十日書云：看文字必覺有味〔一〕，靜而定否？

注釋

〔一〕有味：即有玩味的價值。

四九

承録示韋齋記〔一〕，追往念舊，令人淒然。某中間所舉中庸始終之説〔二〕，元晦以謂「肫肫其仁，淵淵其淵，浩浩其天」〔三〕，即全體是未發底道理，惟聖人盡性能然。若如此看，即於全體何處不是此氣象？第恐〔四〕無甚氣味〔五〕爾。某竊以謂「肫肫其仁」以下三句，乃是體認到此「達天德」〔六〕之效處。就喜怒哀樂未發〔七〕處存養〔八〕至見此氣象，儘有地位也。某嘗見呂芸閣〔九〕與伊川論中説〔一〇〕。呂以謂循性而行〔一一〕，無往而非禮義。伊川以謂氣味殊少。呂復書云云，政謂此爾。大率〔一二〕論文字切在深潛縝密，然後蹊徑不差。釋氏所謂「一超直入如來地」〔一三〕，恐其失處正坐此，不可不辨。

注釋

〔一〕韋齋記：羅從彦撰，原文收録於豫章文集中。其文爲羅從彦給朱子之父朱松的一休憩處所作的文章，介紹了「韋齋」一名的由來和其本人對於做學問的一些心得。茲録原文如左：

宣和三年，歲在癸卯之中秋，朱喬年得尤溪尉，嘗治一室，聚羣書，宴坐寢休其間。後知大學之淵源，異端之學無所入於其心，自知卞急害道，名其室曰「韋齋」，取古人韋佩之義。泛觀古人，有以物爲戒者，有以人爲戒者。所謂佩韋，以物爲戒者也。人之大患在於不知過，知過而思自改，於是有戒焉，非賢者孰能之乎？予始以困揜未能遂志，因作舫齋陸海中，且思古人所以進此道者，必有由而然，久之，乃喟然嘆曰：自孟軻氏没，更歷漢、唐，寥寥千載，迄無其人有能自樹立者，不過注心於外崇尚世儒之語而已。與之游孔氏之門，入於堯、舜之道，其必不能至矣！夫中庸之書，世之學者盡心以知性，躬行以盡性者也，而其始則曰「喜怒哀樂之未發謂之中」，其終則曰「夫焉有所倚，肫肫其仁，淵淵其淵，浩浩其天！」此言何謂也？差之毫釐，謬以千里，故大學之道在知所止而已，苟知所止則知學之先後，不知所止則於學無自而進矣。漆雕開之學曰「吾斯之未能信」，曾點之學曰「異乎三子者之撰」，顏淵之學曰「回雖不敏，請事斯語矣」，而孔子悦開與點，稱顏回以庶幾，蓋許其進也。此予之所嘗自勉者也，故以聖賢則莫學而非道，以俗學則莫學而非物。喬年才高而智明，其剛不屈於俗，其學也方進而未艾。齋成之明年，使人來求記於余。余辭以不能，則非朋友之義，欲蹈襲世儒之語，則非吾心，故以其常所自勉者併書之，使人知其在此而不在彼也。或曰：「韋齋之作終無益於學也邪？」曰：「古之人固有刻諸盤杅，銘諸几杖，置金人以戒多言，置欹器以戒自滿，聖人皆有取焉。苟善取之，則韋齋之作不無補也。」

〔二〕某中間所舉中庸始終之説：原校云「近本無某字」。中庸始終之説，此處的始終之説即韋齋記中提及的「而其始則曰『喜怒哀樂之未發謂之中』，其終則曰『夫焉有所倚，肫肫其仁，淵淵其淵，浩浩其天！』」

〔三〕肫肫其仁，淵淵其淵，浩浩其天：語出中庸第三一章。

〔四〕第恐：參見本書第四條注〔七〕。

〔五〕氣味：這裏指朱子關於未發所理解的意義。

〔六〕達天德：語出中庸第三一章：「唯天下至誠，爲能經綸天下之大經，立天下之大本，知天地之化育。夫焉有所倚？肫肫其仁，淵淵其淵，浩浩其天。苟不固聰明聖知達天德者，其孰能知之？」

〔七〕喜怒哀樂未發：語出中庸：「喜怒哀樂之未發，謂之中；發而皆中節，謂之和。中也者，天下之大本也；和也者，天下之達道也。」

〔八〕存養：參見本書第一條注〔七〕。

〔九〕吕芸閣：即吕大臨，詳參本書第三一條注〔四〕。

〔一〇〕某嘗見吕芸閣與伊川論中説：「芸」，原校云「近本作直」。論中説，即程頤與吕大臨論中書。此書今不存，二程文集據吕氏所録者整理留存，兹録原文如左：

大臨云：中者道之所由出。

先生曰：中者道之所由出，此語有病。

大臨云：謂中者道之所由出，此語有病，已悉所論。但論其所同，不容更有二名；别而言之，亦不可泥爲一事。如所謂「天命之謂性，率性之謂道」，又曰「中者天下之大本，和者天下之達道」，則性與道，大本與達道，豈有二乎？

先生曰：中即道也。若謂道出於中，則道在中外，別爲一物矣。所謂「論其所同，不容更有二名，別而言之，亦不可混爲一事。」此語固無病。若謂性與道，大本與達道，可混而爲一，即未安。在天曰命，在人曰性，循性曰道。性也，命也，道也，各有所當。大本言其體，達道言其用，體用自殊，安得不爲二乎？

大臨云：既云「率性之謂道」，則循性而行莫非道。此非性中別有道也，中即性也。在天爲命，在人爲性，由中而出者莫非道，所以言道之所由出也，與「率性之謂道」之義同，亦非道中別有中也。

先生曰：「中即性也」，此語極未安。中也者，所以狀性之體段。若謂性有體段亦不可，姑假此以明彼。如稱天圓地方，遂謂方圓而天地可乎？方圓既不可謂之天地，則萬物決非方圓之所出。如中既不可謂之性，則道何從稱出於中？蓋中之爲義，自過不及而立名。若只以中爲性，則中與性不合，與「率性之謂道」其義自異。性道不可一作可以。合一而言。中止可言體，而不可與性同德。

又曰：觀此義，一作語。謂不可與性同德，字亦未安。子居對以中者性之德，卻爲近之。子居，和叔之子，一云義山之字。

又曰：不偏之謂中。道無不中，故以中形道。若謂道出於中，則天圓地方，謂方圓者天地所自出，可乎？

大臨云：不倚之謂中，不雜之謂和。

先生曰：不倚之謂中，甚善。語猶未瑩。不雜之謂和，未當。

大臨云：喜怒哀樂之未發，則赤子之心。當其未發，此心至虚，無所偏倚，故謂之中。以此心應萬物之變，無往而非中矣。孟子曰：「權然後知輕重，度然後知長短，物皆然，心爲甚。」此心度物，所以甚於權衡之審者，正以至虚無所偏倚故也。有一物存乎其間，則輕重長短皆失其中矣，又安得如權如度乎？故大人不失其赤子之心，乃所謂允執其中也。大臨始者有見於此，便指此心名爲中，故前言中者道之所由出也。今細思之，乃命名未當爾。此心之狀，可以言中，未可便指此心名之曰中。所謂以中形道，正此意也。「率性之謂道」者，循性而行，無往而非理義也。以此心應萬事之變，亦無往而非理義也。皆非指道體而言也。若論道體，又安可言由中而出乎？先生以爲此言未是。

先生曰：「喜怒哀樂未發謂之中。」赤子之心，發而未遠於中，若便謂之中，是不識大本也。

大臨云：聖人智周萬物，赤子全未有知，其心固有不同矣。然推孟子所云，豈非止取純一無僞，可與聖人同乎？非謂無毫髮之異也。大臨前日所云，亦取諸此而已。此義大臨昔者既聞先生君子之教，反求諸己，若有所自得，參之前言往行，將無所不合。由是而之焉，似得其所安，以是自信不疑，拳拳服膺，不敢失墜。今承教，乃云已失大本，茫然不知所向。竊恐辭命不明，言不逮意，致高明或未深喻，輒露所見，求益左右。卒爲賜教，指其迷謬，幸甚。

聖人之學，以中爲大本。雖堯、舜相授以天下，亦云「允執其中」。中者，無過不及之謂也。何所準則而知過不及乎？求之此心而已。此心之動，出入無時，何從而守之乎？求之於喜怒哀樂未發之際而已。當是時也，此心即赤子之心，純一無僞。即天地之心，神明不測。即孔子之絕四，四者有一物存乎其間，則不得其中。即孟子所謂「物皆然，心爲甚」，心無偏倚，則至明至平，其察物甚於權度之審。即易所謂「寂然不動，感而遂通天下之故」。此心所發，純是義理，與天下之所同然，安得不和？大臨前日敢指赤子之心爲中者，其說如此。

來教云：「赤子之心可謂之和，不可謂之中。」大臨思之，所謂和者，指已發而言之。今言赤子之心，乃論其未發之際，一有竊謂字。純一無僞，無所偏倚，可以言中。若謂已發，恐不可言心。

來教云：「所謂循性而行，無往而非義理，言雖無病，而聖人氣味殊少。」大臨反而思之，方覺辭氣迫窘，無沈浸醲厚之風，此則淺陋之罪，敢不承教？大臨更不敢拜書先生左右，恐煩枉答，只令義山持此請教。蒙塞未達，不免再三浼瀆，惟望乘間口諭義山，傳誨一二，幸甚！幸甚！

先生曰：所云非謂無毫髮之異，是有異也。有異者得爲大本乎？推此一言，餘皆可見。

大臨云：大臨以赤子之心爲未發，先生以赤子之心爲已發。所謂大本之實，則先生與大臨之言，未有異也。但解赤子之心一句不同爾。大臨初謂赤子之心，止取純一無僞，與聖人同。一有處字。恐孟子之義亦然，更不曲折。一一較其同異，故指以爲言，固未嘗以已發不同處爲大本也。先生謂凡言心者，皆指已發而言。然則未發之前，謂之無心可乎？竊謂未發之前，心體昭昭具在，已發乃心之用也。此所深疑未喻，又恐傳言者失指，切望指教。

先生曰：所論意，雖以已發者爲未發，反一作及。求諸言，卻是認已發者爲説。詞之未瑩，乃是擇之未精爾。凡言心者，指已發而言，此固未當。心一也，有指體而言者，寂然不動是也。有指用而言者，感而遂通天下之故是也。惟觀其所見如何耳。大抵論愈精微，言愈易差。所謂傳言者失指，及反覆觀之，雖曰有差，亦不失大意。又如前論「中即性也」，已是分而爲二，不若謂之性中。性中語未甚瑩。以謂聖人氣味殊少，亦不須言聖人。第二書所以答去者，極分明矣。

〔一一〕呂以謂循性而行：「循」，原校云「近本作隨」。

〔一二〕大率：參見本書第三條注〔六〕。

〔一三〕一超直入如來地：原出自永嘉玄覺禪師的証道歌。即直指人心、見性成佛之意，謂不依賴於念佛修禪，徹見己是何物，進入即心即佛、非心非佛之真境地。

五〇

某衰晚〔一〕，碌碌只如舊。所恨者，中年以來即爲師友捐棄〔二〕，獨學無助，又涉世故，沮困殆甚。尚存初心，有端緒之可求，時時見於心目爾。

注釋

〔一〕衰晚：指暮年。

〔二〕捐棄：抛棄。

五一

壬午〔一〕四月二十二日書云：吾儕在今日，止〔二〕可於僻寂處草木衣食〔三〕，苟度此歲月爲可，他一切置之度外，惟求進此學問爲庶幾〔四〕爾。若欲進此學，須是盡放棄平日習氣〔五〕，更鞭飭所不及處〔六〕，使之脱然有自得處，始是道理少進。承諭應接少暇即體究〔七〕，方知以前皆是低看了道理。此乃知覺〔八〕之效，更在勉之。有所疑，便中無惜詳及，庶幾彼此得以自警也。

注釋

〔一〕壬午：高宗紹興三十二年，當公元一一六二年，是年朱子三十三歲，延平七十岁。

〔二〕止：副詞，僅，只。

〔三〕草木衣食：常作「草衣木食」。結草爲衣，摘果爲食，形容衣食粗糙，生活儉約。朱子語類卷一二六釋氏云：「僧家尊宿得道，便入深山中，草衣木食，養數十年。及其出來，是甚次第！自然光明俊偉。世上人所以只得叉手看他自動。」

〔四〕庶幾：參見本書第一一條注〔一六〕。

〔五〕習氣：猶言習慣，係長期養成的難以改變的行爲、語言和意向。詳參俗語佛源，第二四八八頁。

〔六〕更鞭飭所不及處：「飭」，光緒本作「辟」。

〔六〕朱子語類卷九七程子之書三談到「體道」時云：「『體』，猶體當、體究之『體』，言以自家身己去體那道。蓋聖賢所説無非道者，只要自家以此身去體它，令此道爲我之有也。」由此可知，「體究」即用自己的身體去體會思考，使義理爲己有。

〔七〕知覺：宋明理學的認識論概念。張載以知覺爲心所特具的認識能力；程頤把知和覺分屬於感知和領悟兩個不同的認識層次；朱子合二者而言之，同時還認爲動、植物也有知覺，只是鳥獸不如人，草木又不如鳥獸。詳參方克立編：中國哲學大辭典，第四五一頁。

考論

據束景南先生考，是年春正月，朱子拜謁李侗於建安，遂與俱歸延平，寓西林院受教，至三月而歸；期間，朱子攜范伯崇論論語書呈李侗，朱子説其高妙，李侗不以爲然，朱子歸後遂作答范伯崇書六批論語説。參見束景南：朱熹年譜長編（增訂本），第二七五—二七六頁。另，此年朱子與延平論學較頻繁，除此書之外，另有五封答問書，諸書多討論仁學、理一分殊。

陳來先生以爲，朱子來書亦作于壬午四月。參見陳來：朱子書信編年考證，第二四頁。

五二

壬午五月十四日書云：承諭處事擾擾〔一〕，便似內外離絶，不相該貫〔二〕。此病可於靜坐時收攝〔三〕，將來〔四〕看是如何，便如此就偏著處理會，久之知覺，即漸漸可就道理矣。更望勉之也。

注釋

〔一〕擾擾：紛亂的様子。

〔二〕該貫：貫通。

〔三〕收攝：管束，控制。

〔四〕將來：意即「將之拿來」，不同於現代用法。「將」即「取」、「拿」之義。

考論

陳來先生以爲，崇安、延平之近，往來大抵在旬月間，故朱子來書亦在壬午四五月間。

五三

壬午六月十一日書云：承諭仁一字條陳所推測處，足見日來進學之力，甚慰。某嘗以謂仁字極難講說，只看天理統體〔一〕便是。更心字亦難指說，唯認取發用處〔二〕是心。二字須要體認得極分明，方可下工夫。仁字難說，論語一部，只是說與門弟子求仁之方。知所以用心，庶幾私欲沉、天理見，則知仁矣。如顏子、仲弓之問〔三〕，聖人所以答之之語，皆其要切用力處也。孟子曰：「仁，人心也。」〔四〕心體通有無、貫幽明，無不包括，與人指示於發用處求之也。又曰：「仁者，人也。」〔五〕人之一體，便是天理，無所不備具。若合而言之，人與仁之名亡，則渾是道理也。來諭以謂仁是心之正理，能發能用底一箇端緒〔六〕，如胎育包涵其中，生氣無不純備，而流動發生自然之機，又無頃刻停息，憤盈發洩〔七〕，觸處貫通，體用相循，初無間斷。此說推擴得甚好。但又云：「人之所以爲人而異乎禽獸者，以是而已〔八〕，若犬之性、牛之性，則不得而與焉〔九〕。」若如此說，恐有礙。蓋天地中所生物，本源則一，雖禽獸草木，生理亦無頃刻停息間斷者。但人得其秀而最靈，五常〔一〇〕中和之氣所聚，禽獸得其偏而已。此其所以異也。若謂流動發生自然之機，與夫無頃刻停息間斷，即禽獸之體亦自如此。若以爲此理唯人獨得之，即恐推測體認處未精，於他處便有差也。又云

「須體認到此純一不雜處，方見渾然與物同體氣象」一段，語却無病。又云：「從此推出分殊合宜處便是義。以下數句，莫不由此，而仁一以貫之。蓋五常百行，無往而非仁也。」此說大概是，然細推之，却似不曾體認得。伊川所謂「理一分殊」〔一一〕，龜山〔一二〕云「知其理一，所以爲仁；知其分殊，所以爲義」〔一三〕之意，蓋全在知字上用著力也。謝上蔡語録云，不仁便是死漢，不識痛癢了。〔一四〕仁字只是有知覺了了之體段〔一五〕，若於此不下工夫令透徹，即何緣見得本源毫髮之分殊哉？若於此不了了，即體用不能兼舉矣。此正是本源體用兼舉處。人道之立，正在於此。仁之一字，正如四德〔一六〕之元。而仁義二字，正如立天道之陰陽、立地道之柔剛，皆包攝在此二字爾。大抵學者多爲私欲所分，故用力不精，不見其效。若欲於此進步，須把斷諸路頭，靜坐默識，使之泥滓漸漸消去方可。不然，亦只是說也。更熟思之。

注釋

〔一〕統體：全體，總體。

〔二〕認取發用：認取，意爲辨認、認得。發用，猶使用、運用。

〔三〕顏子、仲弓之問：即顏子、仲弓問仁於孔子，語出論語顏淵第十二：「顏淵問仁。子曰：『克己復禮爲仁。一日克己復禮，天下歸仁焉。爲仁由己，而由人乎哉？』顔淵曰：『請問其目。』子曰：『非禮勿視，非禮勿聽，非禮勿言，非禮勿動。』顔淵曰：『回雖不敏，請事斯語矣。』；仲弓問仁。子曰：『出門如見大賓，使民如承大祭。己所不欲，勿施於人。在邦無怨，在家無怨。』仲弓曰：『雍雖不敏，請事斯語矣。』」

〔四〕仁，人心也：語出孟子告子上第一一章。

〔五〕仁者，人也：語出孟子盡心下第一六章。

〔六〕端緒：端倪發見，些微的认识或模糊的想法。

〔七〕憤盈發洩：憤盈，積滿、充盈；發洩：發散出來。

〔八〕人之所以爲人而異乎禽獸者，以是而已：語出孟子離婁下：「孟子曰：『人之所以異禽獸者幾希，庶民去之，君子存之。舜明於庶物，察於人倫，由仁義行，非行仁義也。』」

〔九〕犬之性、牛之性，則不得而與焉：語出孟子告子上：「告子曰：『生之謂性。』孟子曰：『生之謂性也，猶白之謂白與？』曰：『然。』『白羽之白也，猶白雪之白；白雪之白，猶白玉之白與？』曰：『然。』『然則犬之性，猶牛之性；牛之性，猶人之性與？』」

〔一〇〕五常：即仁、義、禮、智、信。

〔一一〕伊川所謂「理一分殊」：出自河南程氏文集卷九答楊時論西銘書。

〔一二〕龜山：即楊時，詳參本書第一七條注〔四〕。

〔一三〕龜山云「知其理一，所以爲仁，知其分殊，所以爲義」：此乃龜山論橫渠西銘語，語出龜山集卷一一語録二：論西銘曰：「河南先生言『理一而分殊』，知其理一所以爲仁，知其分殊所以爲義，所謂分殊猶孟子言『親親而仁民，仁民而愛物』，其分不同，故所施不能無差等。」

〔一四〕不仁便是死漢，不識痛癢了：語出上蔡語録卷一：問：「求仁如何下工夫？」謝曰：「如顔子視聽言動上做亦得，如曾子顔色、容貌、辭氣上做亦得。出辭氣者，猶佛所謂從此心中流出。今人唱一喏，不從心中出，便是不識痛癢。古人曰：『心不在焉，視而不見，聽而不聞，食而不知其味。』不見，不聞，不知味，便是不仁。死漢不識痛癢了。又如仲弓『出門如見大賓，使民如承大祭』，但存得如見大賓、如承大祭底心在，便是識痛癢。」

〔一五〕體段：模樣。

〔一六〕四德：即元、亨、利、貞，與仁、義、禮、智相應。

考論

陳來先生以爲，朱子來書當在壬午夏五六月間。參見陳來：朱子書信編年考證，第二五頁。是書主要論教仁學、理一分殊之義，亦論及論語「葉公問孔子於子路，子路不對」一章。

五四

「葉公問孔子於子路，子路不對」一章〔一〕，昔日得之於吾黨中人，謂葉公亦當時號賢者，夫子名德經天緯地，人孰不識之，葉公尚自見問於其徒，所見如此，宜子路之不對也。若如此看，仲尼之徒渾是客氣〔二〕，非所以觀子路也。蓋弟子形容聖人盛德，有所難言爾。如「女奚不曰」下面三句，元晦以謂發憤忘食者，言其求道之切。聖人自道理中流出，即言求道之切，恐非所以言聖人。此三句只好渾然作一氣象〔三〕看，則見聖人渾是道理，不見有身世之礙，故不知老之將至爾。元晦更以此意推廣之看，如何？大抵夫子一極際〔四〕氣象，終是難形容也。尹和靖以謂皆不居其聖之意〔五〕，此亦甚大。但不居其聖一節事，乃是門人推尊其實如此。故孔子不居，因事而見爾〔六〕。若常以不居其聖橫在肚裏，則非所以言聖人矣。如何如何？

注釋

〔一〕「葉公問孔子於子路，子路不對」一章：即論語述而第七第一八章：「葉公問孔子子路，子路不對。子曰：『女奚不曰，其爲人也，發憤忘食，樂以忘憂，不知老之將至云爾。』」

〔二〕客氣：指受外界影響而生之驕傲、名譽、情慾等。

〔三〕氣象：參見本書第七條注〔四〕。

〔四〕極際：邊際，盡頭。

〔五〕尹和靖以謂皆不居其聖之意：和靖之意出處未詳。今見引於朱子編論孟精義卷四上述而第七此章後：「子路不對葉公，以形容之難也，孔子所以語之，蓋不自居其聖者而已。」

〔六〕因事而見爾：光緒本「因」上有「蓋」字。

五五

以今日事勢觀之，處此時，唯儉德避難〔一〕，更加韜晦爲得所，他皆不敢以姑息自恕之事奉聞也。元晦更切勉之。上蔡先生〔二〕語，近看甚有力。渠〔三〕一處云：「凡事必有根。」〔四〕又云：「必須有用處尋討要用處，病根將來斬斷便没事。」〔五〕此語可時時經心也。

注釋

〔一〕儉德避難：語出周易否卦象傳：「天地不交，否。君子以儉德辟難，不可榮以禄。」即以節儉爲德，避其危難。

〔二〕上蔡先生：即謝良佐，詳參本書第一六條注〔三〕。

〔三〕渠：他，此處指謝上蔡。

〔四〕凡事必有根：此句疑爲「凡事須有根」，即上蔡語録卷一所載：「遊子問謝子曰：『公於外物一切放得下否？』謝子謂胡子曰：『可謂切問矣。』胡子曰：『何以答之？』謝子曰：『實向他道，就上面做工夫來。』胡子曰：『如何做工夫？』謝子曰：『凡事須有根，屋柱無根折却便倒，樹木有根雖翦枝條，相次又發。如人要富貴，要他做甚？必須有用處尋討要用處，病根將來斬斷便没事。』」

〔五〕必須有用處尋討要用處，病根將來斬斷便没事：參見前注。

五六

壬午七月二十一日書云：某在建安〔一〕，竟不樂彼。蓋初與家人〔二〕約，二老只欲在此。繼而家人爲兒輩所迫，不能謹守，遂往。某獨處家中，亦自不便，故不獲〔三〕已〔四〕往來，彼此不甚快。自念所寓而安，方是道理，今乃如此，正好就此下工夫，看病痛在甚處以驗之，它皆不足道也。某幸得早從羅先生〔五〕遊，自少時粗聞端緒，中年一無佽助〔六〕，爲世事淟汩〔七〕者甚矣。所幸比年〔八〕來得吾元晦相與講學，於頽墮中復此激發，恐庶幾〔九〕於晚境也。何慰之如！

注釋

〔一〕建安：今在福建建甌境内。

〔二〕家人：即李侗之妻。

〔三〕獲：能够。

〔四〕已：停止。

〔五〕羅先生：即羅從彦，參見本書第一八條注〔二〕。

〔六〕佽助：即幫助。佽，音「次」，助也。

〔七〕洪汨：參見本書第二條注〔二〕。

〔八〕比年：近年。

〔九〕庶幾：參見本書第一一條注〔一六〕。

五七

封事〔一〕熟讀數過，立意甚佳。今日所以不振，立志不定、事功不成者，正坐此以和議爲名爾。書中論之甚善。見前此赦文〔二〕中有和議處一條，又有「事迫，許便宜從事」之語〔三〕，蓋皆持兩端，使人心疑也。要之，斷然不可和。自整頓綱紀，以大義斷之，以示天下向背，立爲國是可爾。此處更可引此。又「許便宜從事」處，更下數語以曉之，如何？某不能文，不能下筆也。封事中有少疑處，已用貼紙貼出矣，更詳之。明道語云「治道在於脩己、責任、求賢」〔四〕，封事中此意皆有之矣。甚善甚善。吾儕雖在山野，憂世之心但無所伸爾。亦可早發去爲佳。

注釋

〔一〕封事：密封的奏章。古時臣下上書奏事，防有泄漏，用皂囊封緘，故稱。朱子封事詳參晦庵先生朱文公文集卷一一壬午應詔封事。

〔二〕赦文：即孝宗皇帝登機赦。宋史卷三三孝宗本紀一載，紹興三十二年六月「戊寅，大赦。詔宰相率百官月兩朝德壽宮。己卯，以即位告於天地、宗廟、社稷」。

〔三〕赦文今不可考，故「和議處一條」、「事迫，許便宜從事」不悉。然宋會要輯稿兵二九備邊三載：「壽皇聖帝即位，未改元，赦：昨來元〔完〕顔亮無故敗盟，太上皇帝不得已興師以應之。天戈所指，城邑以次歸附。近者金國新帝遣使通好，國家答其美意，已行報聘。其令諸路將帥將已得城邑嚴修警備，不得生事輕動。如沿邊姦盜乘間衡二，方許一面便宜從事。」據此可知「事迫，許便宜從事」一二。

〔四〕治道在於脩己、責任、求賢：疑爲：「子曰：治道之要有三：曰立志、責任、求賢。」語出二程粹言卷一論政篇。

考論

此書乃延平答問中涉及時政之書信。據載，紹興三十一年九月，金國大舉南侵；十月，宋經皂角林之戰，大敗金兵；十一月，采石大捷，金主完顔亮被殺於揚州龜山寺；十二月，金兵北退。高宗欲以戰爭的勝利與金人重新講和。次年六月，高宗内禪，孝宗即位。即位之初，孝宗一方面鋭意恢復，另一方面又須纂承高宗之政。會金人以大言威脅南宋歸還所收復的失地。詳參宋史卷三二高宗本紀九、卷三三孝宗本紀一。六月十九日，孝宗詔求直言，朱子決意上封事，七月封事草成，寄李侗修訂，遂有此書，李侗深然朱子意。八月七日，上封事，力陳講帝王之學（儒學），定修攘之計（反對和議），固本原之地（任賢修政）。參見束景南：朱熹年譜長編（增訂本），第二八一頁。

五八

辛巳〔一〕八月七日書云：某歸家，凡百〔二〕只如舊，但兒輩所見凡下〔三〕，家中全不整頓，至有疎漏欲頹敝處，氣象〔四〕殊不佳。既歸來，不免令人略略脩治，亦須苟完〔五〕可爾。家人猶豫未歸，諸事終不便，亦欲於冷落境界上打疊〔六〕，庶幾〔七〕漸近道理。他不敢恤，但一味窘束，亦有沮敗人佳處，無可奈何也。

注釋

〔一〕辛巳：疑爲壬午。陳來先生指出，此書答朱子問目，中録云：「問：熹昨妄謂仁之一字，乃人之所以爲人而異乎禽獸者，先生不以爲然。……」「問：熹又問孟子養氣一章……」「問：熹近看中庸鬼神一章……」可知朱子來書乃復延平壬午六月十一日書；故原注「辛巳八月七日書」，誤也，當爲「壬午八月七日書」。參見陳來：朱子書信編年考證，第二五頁。束景南先生亦持此見。參見束景南：朱熹年譜長編（增訂本），第二八三頁。此書繼續討論仁學、理一分殊，有涉及孟子「養氣」一章、中庸「鬼神」一章。

〔二〕凡百：指一切事物、一切情況。

〔三〕凡下：平庸低下。

〔四〕氣象：參見本書第七條注〔四〕。

〔五〕苟完：大致完备。

〔六〕打疊：調整，振作。

〔七〕庶幾：參見本書第一一條注〔一六〕。

五九

謝上蔡〔一〕語極好玩味〔二〕，蓋渠〔三〕皆是於日用上下工夫，又言語只平説，尤見氣味深長。今已抄得一本矣，謹以奉内，恐亦好看也。

注釋

〔一〕謝上蔡：即謝良佐，詳參本書第一六條注〔三〕。
〔二〕玩味：參見本書第三條注〔三〕。
〔三〕渠：他，此處指謝上蔡。

六〇

問：熹昨妄謂仁之一字，乃人之所以爲人而異乎禽獸者，先生不以爲然。〔一〕熹因以先生之言思之而得其説，敢復求正於左右。熹竊謂天地生物，本乎一源，人與禽獸草木之生，莫不具有此理。其一體之中，即無絲毫欠剩，其一氣之運，亦無頃刻停息，所謂仁也。先生批云：「有有血氣者，有無血氣者，更體究此處。」但氣有清濁，故禀有偏正。惟人得其正，故能知其本、具此理而存之，而見其爲仁；物得其偏，故雖具此理而不自知，而無以見其爲仁。然則仁之爲仁，人與物不得不同；知人之爲人而存之，人與物不得不異。故伊川夫子既言「理一分殊」〔二〕，而龜山〔三〕又有「知其理一，知其分殊」〔四〕之説。而先生以爲全在知字上用著力，恐亦是此意也。先生勾斷批云：「以上大概得之，它日更用熟講體認。」不知果是如此否？又詳伊川之語推測之，竊謂「理一而分殊」，此一句言理之本然如此，全在性分之内、本體未發時看。先生抹出批云：「須是兼本體已發未發時看，合内外爲可。」合而言之，則莫非此理，然其中無一物之不該，便自有許多差别。雖散殊錯糅，不可名狀，而纖微之間〔五〕，同異畢顯，所謂「理一而分殊」也。「知其理一，所以爲仁；知其分殊，所以爲義」，此二句乃是於發用處該攝本體而言，因此端緒而下工夫以推尋之處也。蓋「理一而分殊」一句，正如孟子所云

「必有事焉」〔六〕之處，而下文兩句，即其所以有事乎，此之謂也。先生抹出批云：「恐不須引孟子說以證之。孟子之說，若以微言，恐下工夫處落空，如釋氏然。孟子之說，亦無隱顯精粗之間。今録謝上蔡〔七〕一說於後，玩味〔八〕之，即無時不是此理也。此說極有力。」大抵仁字正是天理流動之機〔九〕。以其包容和粹，涵育融漾，不可名貌，故特謂之仁。其中自然文理密察〔一〇〕，各有定體處，便是義。只此二字，包括人道已盡。義固不能出乎仁之外，仁亦不離乎義之内也。然則「理一而分殊」者，乃是本然之仁義。先生勾斷批云：「推測到此一段甚密，爲得之。加以涵養〔一一〕，何患不見道也。甚慰甚慰。」前此乃以從此推出分殊合宜處爲義，失之遠矣。又不知如此上則推測，又遠是不？更乞指教。先生曰：謝上蔡云：「吾常習忘以養生。明道曰：『施之養則可，於道則有害。習忘可以養生者，以其不留情也。學道則異於是，「必有事焉勿正」，何謂乎？且出入起居，寧無事者？正心待之，則先事而迎，忘則涉乎去念，助則近於留情。故聖人心如鑑，所以異於釋氏心也。』」〔一二〕上蔡録明道此語，於學者甚有力。蓋尋常於靜處體認下工夫，即於鬧處使不著，蓋不曾如此用功也。自非謝先生確實於日用處便下工夫〔一三〕，又言吾每就事上作工夫學。即恐明道此語亦未必引得出來。此語録所以極好玩索，近方看見如此意思顯然。元晦於此更思看如何？唯於日用處便下工夫，或就事上便下工夫，庶幾〔一四〕漸可合爲己物，不然只是說也。某輒妄意如此，如何如何？

〔一〕熹昨妄謂仁之一字……先生不以爲然：即五三條所言，但又云：「人之所以爲人而異乎禽獸者，以是而已，若犬之性、牛之性，則不得而與焉。」若如此説，恐有礙。

〔二〕參見本書第五三條注〔一一〕。

〔三〕龜山：即楊時，詳參本書第一七條注〔四〕。

〔四〕參見本書第五三條注〔一三〕。

〔五〕而纖微之間：「微」，光緒本作「毫」。

〔六〕必有事焉：語出孟子公孫丑上：「『敢問何爲浩然之氣？』曰：『難言也。其爲氣也，至大至剛，以直養而無害，則塞于天地之間。其爲氣也，配義與道，無是，餒也。是集義所生者，非義襲而取之也，行有不慊於心，則餒矣。我故曰，告子未嘗知義，以其外之也。必有事焉而勿正，心勿忘，勿助長也。』」

〔七〕謝上蔡：即謝良佐，詳參本書第一六條注〔三〕。

〔八〕玩味：參見本書第三條注〔三〕。

〔九〕大抵仁字正是天理流動之機：「字」，原校云「近本作者」。

〔一〇〕文理密察：出自中庸第一三章：「唯天下至聖，爲能聰明睿智，足以有臨也；寬裕温柔，足以有容也；發強剛毅，足以有執也；文理密察，足以有别也。」即文章條理詳細明辨。

〔一一〕涵養：參見本書第一條注〔二〕。

〔一二〕吾常習忘以養生……：語出上蔡語録卷一。

〔一三〕自非謝先生確實於日用處便下工夫：光緒本、正誼堂本無「便」字。

〔一四〕庶幾：參見本書第一一條注〔一六〕。

六一

問：熹又問孟子「養氣」一章〔一〕，向者雖蒙曲折面誨，而愚意竟未見一總會處，近日求之，頗見大體，只是要得心氣合而已。故說「持其志，無暴其氣」，「必有事焉而勿正，心勿忘，勿助長也」，皆是緊切處。只是要得這裏所存主處分明，則一身之氣，自然一時奔湊翕聚〔二〕，向這裏來。存之不已，及其充積盛滿，睟面盎背〔三〕，便是塞乎天地氣象，非求之外也。如此則心氣合一，不見其間，心之所向，全氣〔四〕隨之。雖加齊之卿相，得行道焉，亦沛然〔五〕行其所無事而已，何動心之有！易曰：「直方大，不習无不利。」〔六〕而文言曰：「敬義立而德不孤」，「則不疑其所行也」〔七〕，正是此理。不審先生以爲如何？　先生曰：養氣大概是要得心與氣合。不然，心是心，氣是氣，不見所謂集義〔八〕處，終不能合一也。元晦云「睟面盎背，便是塞乎天地氣象」，與下云「亦沛然行其所無事」，二處爲得之。見得此理甚好。然心氣合一之象，更用體察，令分曉路陌〔九〕方是。某尋常覺得於畔援歆羨〔一〇〕之時，未必皆是正理，亦心與氣合，到此若髣髴〔一一〕有此氣象，一差則所失多矣。豈所謂浩然之氣耶！某竊謂孟子所謂養氣者，自有一端緒，須從知言處養來乃不差〔一二〕。於知言處下工夫，儘用熟也。謝上蔡〔一三〕多謂「於田地上面下工夫」〔一四〕，此知言之說，乃田地也。先於此體認，令精審，認取心與氣合之時，不倚不偏氣象是如何，方可看易中所謂「直方大，不習无不利」，然後「不疑其所行」，皆沛然矣。元晦更於此致思看如何？某率然如此，極不揆是與非，更俟他日面會商量可也。

注釋

〔一〕「養氣」一章：出自孟子公孫丑上：公孫丑問曰：「夫子加齊之卿相，得行道焉，雖由此霸王不異矣。如此，則動心否乎？」孟子曰：「否。我四十不動心。」曰：「若是，則夫子過孟賁遠矣。」曰：「是不難，告子先我不動心。」曰：「不動心有道乎？」曰：「有。北宮黝之養勇也，不膚撓，不目逃，思以一豪挫於人，若撻之於市朝。不受於褐寬博，亦不受於萬乘之君。視刺萬乘之君，若刺褐夫。無嚴諸侯，惡聲至，必反之。孟施舍之所養勇也，曰：『視不勝猶勝也。量敵而後進，慮勝而後會，是畏三軍者也。舍豈能爲必勝哉？能無懼而已矣。』孟施舍似曾子，北宮黝似子夏。夫二子之勇，未知其孰賢，然而孟施舍守約也。昔者曾子謂子襄曰：『子好勇乎？吾嘗聞大勇於夫子矣：自反而不縮，雖褐寬博，吾不惴焉；自反而縮，雖千萬人，吾往矣。』孟施舍之守氣，又不如曾子之守約也。」曰：「敢問夫子之不動心，與告子之不動心，可得聞與？」「告子曰：『不得於言，勿求於心；不得於心，勿求於氣。』不得於心，勿求於氣，可；不得於言，勿求於心，不可。夫志，氣之帥也；氣，體之充也。夫志至焉，氣次焉。故曰：『持其志，無暴其氣。』」「既曰『知至焉，氣次焉』，又曰『持其志，無暴其氣』者，何也？」曰：「志壹則動氣，氣壹則動志也。今夫蹶者趨者，是氣也，而反動其心。」「敢問夫子惡乎長？」曰：「我知言，我善養吾浩然之氣。」「敢問何謂浩然之氣？」曰：「難言也。其爲氣也，至大至剛，以直養而無害，則塞於天地之間。其爲氣也，配義與道；無是，餒也。是集義所生者，非義襲而取之也。行有不慊於心，則餒矣。我故曰，告子未嘗知義，以其外之也。必有事焉而勿正，心勿忘，勿助長也。無若宋人然：宋人有閔其苗之不長而揠之者，芒芒然歸，謂其人曰：『今日病矣，予助苗長矣。』其子趨而往視之，苗則槁矣。天下之不助苗長者寡矣。以爲無益而舍之者，不耘苗者也；助之長者，揠苗者也。非徒無益，而又害之。」「何謂知言？」曰：「詖辭知其所蔽，淫辭知其所陷，邪辭知其所離，遁辭知其所窮：生於其心，害於其政；發於其政，害於其事。聖人復起，必從吾言矣。」

〔二〕奔湊翕聚：集聚，會合。

〔三〕睟面盎背：語出孟子盡心上第二一章：「君子所性，仁義禮智根於心，其生色也睟然，見於面，盎於背，施於四體，四體不言而喻。」即德性表現於外，而有溫潤之貌、敦厚之態。指有德者的儀態。

〔四〕全氣：純全之氣。

〔五〕沛然：充盛、盛大貌。

〔六〕直方大，不習無不利：出自周易坤卦六二：「直方大，不習無不利。」

〔七〕敬義立而德不孤，則不疑其所行也：此二句出自周易文言傳：「『直』其正也，『方』其義也。君子敬以直內，義以方外。敬義立而德不孤。『直方大，不習無不利』，則不疑其所行也。」

〔八〕集義：出自孟子公孫丑上，見注釋一。犹积善，谓行事合乎道義。

〔九〕路陌：即門徑。

〔一〇〕畔援歆羨：出自詩經大雅皇矣：「帝謂文王：『無然畔援，無然歆羨，誕先登於岸。』」畔援，跋扈也；歆羨，覬覦也。

〔一一〕髣髴：音、義皆同「仿佛」。

〔一二〕須從知言處養來乃不差：「知言處養來」，正保本作「知言養氣來」。知言，出自孟子公孫丑上，見注釋一，即善於辨析他人之言辭。

〔一三〕謝上蔡：即謝良佐，詳參本書第一六條注〔三〕。

〔一四〕於田地上面下工夫：上蔡語録卷一載有：「知命雖淺近，也要信得及，將來做田地，就上而下工夫。」

六二

問：熹近看中庸「鬼神」一章〔一〕，竊謂此章正是發明顯微無間只是一理處。且如鬼神有甚形迹，然人却自然有畏敬之心；以承祭祀，便如真有一物在其上下左右。此理亦有甚形迹，然人却自然秉彝〔二〕之性，才存主著這裏，便自見得許多道理。參前倚衡〔三〕，雖欲頃刻離而遁之而不可得，只爲至誠貫徹，實有是理。無端無方，無二無雜。方其未感，寂然不動〔四〕；及其既感，無所不通。濂溪翁所謂「静無而動有，至正而明達」〔五〕者，於此亦可以見之。不審先生以爲如何？先生曰：此段看得甚好，更引濂溪翁所謂「静無而動有」作一貫曉會，尤佳。中庸發明微顯之理，於承祭祀時爲言者，只謂於此時鬼神之理昭然易見，令學者有入頭處爾。但更有一說：若看此理，須於四方八面盡皆收入體究來，令有會心處方是。謝上蔡〔六〕云：「鬼神横渠説得來别，這箇便是天地間妙用，須是將來做箇題目入思慮始得〔七〕，講説不濟事。」〔八〕又云：「鬼神自家要有便有，要無便無。」〔九〕更於此數者一併體認，不可滯在一隅也。某偶見如此，如何如何？

注釋

〔一〕鬼神一章：即中庸第一五章：「子曰：『鬼神之爲德，其盛矣乎！視之而弗見，聽之而弗聞，體物而不可遺。使天下之人齊明盛服，以承祭祀。洋洋乎！如在其上，如在其左右。詩曰：「神之格思，不可度思！矧可射思！」夫微之顯，誠之不可揜如此夫。』」

〔二〕秉彝：出自詩經大雅烝民：「天生烝民，有物有則。民之秉彝，好是懿德。」即持執常道。

〔三〕參前倚衡：出自論語衛靈公第五章：「子張問行。子曰：『言忠信，行篤敬，雖蠻貊之邦行矣；言不忠信，行不篤敬，雖州里行乎哉？立則見其參於前也，在輿則見其倚於衡也。夫然後行。』子張書諸紳。」意指言行要講究忠信篤敬，站着就仿佛看見「忠信篤敬」四字展現於眼前，乘車就好像看見這幾個字在車轅的橫木上。泛指一舉一動。

〔四〕寂然不動：出自周易繫辭上：「易無思也，無爲也，寂然不動，感而遂通天下之故。」意即寂靜無聲，一點動靜沒有。

〔五〕靜無而動有，至正而明達：語出通書誠下第二：「聖，誠而已矣。誠，五常之本，百行之源也。靜無而動有，至正而明達也。」

〔六〕謝上蔡：即謝良佐，詳參本書第一六條注〔三〕。

〔七〕須是將來做箇題目入思慮始得：「慮」，原校云「近本作議」。

〔八〕鬼神横渠説得來別……講説不濟事：語出上蔡語録卷一。

〔九〕鬼神自家要有便有，要無便無：同上，原話作：「不是鶻突，自家要有便有，自家要無便無始得。」

六三

壬午八月九日書云：此箇氣味爲上下相咻〔一〕，無不如此者，這箇風俗如何得變！某於此有感焉。當今之時，苟有修飭之士，須大段〔二〕涵養〔三〕韜晦始得。若一旦齟齬，有所去就〔四〕，雖去流俗遠矣〔五〕，然以全體論之，得失未免相半也。使衰世之公子皆信厚〔六〕，須如文王〔七〕方得。若未也，恐不若且誦龜山〔八〕與胡文定〔九〕梅花詩，直是氣味深長也。如何？

龜山詩：「欲驅殘臈變春風，只有寒梅作選鋒。莫把疏英輕鬭雪，好藏清艷月明中。」右渚宮觀梅寄康侯〔一〇〕。

注釋

〔一〕咻：音「休」，形容喘氣聲。

〔二〕大段：參見本書第四條注〔六〕。

〔三〕涵養：參見本書第一條注〔二〕。

〔四〕去就：取捨。

〔五〕雖去流俗遠矣：「去」，原校云「近本作出」。「俗」，原校云「近本作輩」。光緒本無原校。

〔六〕衰世之公子皆信厚：語出毛詩周南麟之趾序：「麟之趾，關雎之應也。關雎之化行，則天下無犯非禮，雖衰世之公子，皆信厚如麟趾之時也。」

〔七〕文王：即周文王。

〔八〕龜山：即楊時，詳參本書第一七條注〔四〕。

〔九〕胡文定：即胡安國，詳參本書第三條注〔一〕。

〔一〇〕康侯：即胡文定。

六四

韜晦一事嘗驗之，極難。自非大段〔一〕涵養〔二〕深潛，定不能如此，遇事輒發矣。亦不可輕看也。如何如何？書後注此數語。

注釋

〔一〕大段：參見本書第四條注〔六〕。

〔二〕涵養：參見本書第一條注〔二〕。

六五

十月〔一〕朔日〔二〕書云：承諭近日看仁一字，頗有見處，但乍喧乍靜，乍明乍暗，子細點檢，儘有勞攘〔三〕處。詳此足見潛心體認用力之效。蓋須自見得病痛窒礙〔四〕處，然後可進，因此而修治之，推測自可見。甚慰甚慰！孟子曰：「夫仁，亦在夫熟之而已。」〔五〕乍明乍暗，乍喧乍靜，皆未熟之病也。更望勉之。至祝至祝。

注釋

〔一〕十月：即壬午年十月。陳來先生語：「此書原次壬午八月九日書之後。書云『承諭近日看仁一字……』，似承壬午六月十一日書、壬午八月七日書論仁，朱子來書當在壬午九月。」參見陳來：朱子書信編年考證，第二五頁。

〔二〕朔日：即初一。

〔三〕勞攘：即紛擾，紛亂。

〔四〕窒礙：參見本書第三一條注〔一〇〕。

〔五〕夫仁，亦在夫熟之而已：語出孟子告子上第一九章：「孟子曰：『五穀者，種之美者也；苟爲不熟，不如荑稗。夫仁亦在乎熟之而已矣。』」

六六

癸未〔一〕五月二十三日書云：近日涵養〔二〕，必見應事脱然〔三〕處否？須就事兼體用下工夫，久久純熟，漸可見渾然氣象矣。勉之勉之。

注釋

〔一〕癸未：隆興元年，當公元一一六三年。是年十月十五日，延平卒於福州，享年七十一歲；朱子三十四歲。此年朱子與延平往來頻繁。據束景南考證，李侗於是年六月與八月經武夷與朱子二會也，均討論奏事所言。另有書信五封。另束氏亦指出，朱子於此年編訂延平答問也。參見束景南：朱熹年譜長編（增訂本），第二九六、三〇二、三〇三頁。

〔二〕涵養：參見本書第一條注〔二〕。

〔三〕脱然：參見本書第二條注〔四〕。

六七

六月十四日書云〔一〕：承諭令表弟〔二〕之去，反而思之，中心不能無愧悔之恨。自非有志於求仁，何以覺此！語録有云，罪己責躬不可無，然亦不可常留在心中爲悔。〔三〕來諭云悔吝已顯然，如何便銷隕得胸中！若如此，即於道理極有礙，有此氣象，即道理進步不得矣。政不可不就此理會也。某竊以謂有失處。罪己責躬，固不可無，然過此以往，又將奈何？常留在胸中，却是積下一團私意也。到此境界，須推求其所以愧悔不去爲何而來。若來諭所謂似是於平日事親事長處〔四〕，不曾存得恭順謹畏之心，即隨處發見之時，即於此處就本源處推究涵養之，令漸明，即此等固滯私意當漸化矣。又昔聞之羅先生〔五〕云：「横渠教人，令且留意神化二字。所存者神，便能所過者化。〔六〕私吝盡無，即渾是道理，即所過自然化矣。」更望以此二説，於靜默時及日用處下工夫看，如何？吾輩今日所以差池道理不進者，只爲多有坐此境界中爾。禪學者則不然。渠亦有此病，却只要絶念不採，以是爲息滅，殊非吾儒就事上各有條理也。元晦試更以是思之，如何？或體究得不以爲然，便中示報爲望。後見先生又云：「前日所答，只是據今日病處説，語録中意却未盡。它所以如此説，只是提破，隨人分量看得如何。若地位高底人微有如此處〔七〕，只如此提破，即涣然冰釋，無復凝滯矣。」

注釋

〔一〕六月十四日書云：「四」，原校云「近本作六」。光緒本無原校。

〔二〕表弟：即朱熹伯舅祝莘之子祝康國，其逝后將二子托於朱熹。

〔三〕語録：即伊川語。二程遺書卷二二先生語二有云：「罪己責躬不可無，然亦不當長留在心胸爲悔。」

〔四〕若來諭所謂似是於平日事親事長處：「諭」，原校云「近本作教」。

〔五〕羅先生：即羅從彦，詳參本書第一八條注〔二〕。

〔六〕神化：張載特作正蒙神化篇，篇中有云：「性性爲能存神，物物爲能過化。」

〔七〕若地位高低人微有如此處：「微」，正保本作「徵」。

六八

某人〔一〕之去，傳者以爲緣衆士人於通衢〔二〕罵辱之，責以講和誤國之罪，時事遂激而一變。或以爲逐此人誠快輿論，然罵辱之者亦無行遣〔三〕，恐使人失上下之分。某竊以爲不然。今日之事，只爲不曾於原本處理會，末流雖是亦何益？不共戴天，正今日第一義，舉此不知其它，即弘上下之道而氣正矣。夷狄所以盛者，只爲三綱〔四〕五常之道衰也。

注釋

〔一〕某人：即史浩，字直翁，號真隱。明州鄞县（今浙江寧波）人，南宋政治家、詞人，爲相期間，政尚寬厚，平反岳飛冤案，薦舉有識之士，力主恢復中原。宋史載：孝宗時，張浚、王十朋等力主即刻興兵恢復中原，而史浩、陳康伯等主張加强長江防線，整頓士卒，先立於不敗之地，然后伺機恢復中原。張浚請戰，孝宗越三省下命令於諸將，棄相權於不顧，史浩請辭相職；又逢王十朋以誤國、植黨諸罪彈劾史浩（即李侗所云「緣衆」、「講和誤國」），故而孝宗罷其相職，十三年而不召。詳參宋史卷三九六。

〔二〕通衢：指四通八達、寬敞平坦的道路。

〔三〕行遣：指處置，發落。

〔四〕三綱：即君爲臣綱，父爲子綱，夫爲妻綱。

六九

七月十三日書云：在此粗安〔一〕，第〔二〕終不樂於此。若以謂隨所寓而安之，即於此鶂卼〔三〕便不是。此微處皆學者之大病。大凡〔四〕只於微處充擴之，方見礙者大爾。

注釋

〔一〕粗安：大致安好。

〔二〕第：同但，表轉折。

〔三〕鶂卼：音「聶誤」，出自周易困卦上六：「困於葛藟，於鶂卼，曰動悔有悔，征吉。」意即動搖不安的樣子。

〔四〕大凡：表示總括一般的情況，猶言大抵。

七〇

七月二十八日書云：今日三綱不振，義利不分。緣三綱不振，故人心邪辟不堪用，是致上下之氣間隔，而中國之道衰，夷狄盛，皆由此來也。義利不分，自王安石用事，陷溺人心，至今不自知覺。如前日有旨有升擢差遣之類，緣有此利誘，故人只趍利而不顧義，而主勢孤〔一〕。此二事，皆今日之急者，欲人主於此留意二者，苟不爾，則是「雖有粟，吾得而食諸」〔二〕也。

注釋

〔一〕而主勢孤：「孤」下，原校云「近本有分字」。光緒本無原校。

〔二〕雖有粟，吾得而食諸：語出論語顏淵第一一章：「齊景公問政於孔子。孔子對曰：『君君，臣臣，父父，子子。』公曰：『善哉！信如君不君，臣不臣，父不父，子不子，雖有粟，吾得而食諸？』」

七一

與劉平甫〔一〕書云：學問之道不在於多言，但默坐澄心，體認天理，若見雖一毫私欲之發，亦自退聽〔二〕矣。久久用力於此，庶幾〔三〕漸明，講學始有力也。

注釋

〔一〕劉平甫：即劉玶，字平甫，自號七者翁，劉子翬之子，建州崇安（今福建武夷山）人。宋元學案卷四三劉胡諸儒學案有傳。著有詩集十卷，另編屏山集二十卷，現載於文淵閣四庫全書總第一一三四册。

〔二〕退聽：語出周易艮卦六二象傳：「艮其腓，不拯其隨，其心不快。象曰：不拯其隨，未退听也。」即退讓順從之意。

〔三〕庶幾：參見本書第一一條注〔一六〕。

七二

又與劉平甫書云：大率〔一〕有疑處，須靜坐體究，人倫必明，天理必察。於日用處著力，可見端緒。在勉之爾。

注釋

〔一〕大率：參見本書第三條注〔六〕。

考論

宋元學案卷四三劉胡諸儒學案從事劉七者先生玶附録載有：「朱子與劉平甫書曰：『學問之道，不在於多言，……講學始有力也。』」「又曰：『大率有疑處，須靜坐體究，……在勉之爾。』」可見，宋元學案將此二書視爲朱子與劉平甫書，然現存朱子書信中未見，又清李清馥撰閩中理學淵源考卷五將此二書列入李侗書信中，故疑宋元學案誤也。

附録

一 延平李先生答問後録

李延平初間也是豪邁底人，到後來也是磨琢之功。在鄉若不異於常人，鄉曲以上底人只道他是箇善人。他也略不與人説，待問了方與説。

羅仲素先生嚴毅清苦，殊可畏。

李先生終日危坐，而神彩精明，略無隤墮之氣。

問延平先生言行，曰：「他却不曾著書，充養得極好。凡爲學，也不過是恁地涵養將去，初無異義。只是先生睟面盎背，自然不可及。」

明道教人靜坐，李先生亦教人靜坐。看來須是靜坐，始能收斂。

羅仲素都是著實子細去理會。

延平先生氣象好。

熹初爲學，全無見成規模，這邊也去理會尋討，那邊也去理會尋討。後來見李先生，較説得有下落，更縝密。

李先生説，人心中大段惡念却易制伏，最是那不大段計利害乍往乍來底念慮，相續不斷，難爲驅除。今看得來是如此。

或問：「近見廖子晦，言今年見先生，問延平先生靜坐之説，先生頗不以爲然。不知如何？」曰：「這事難説。靜坐理會道理自不妨，只是討要靜坐則不可，只是理會得道理明透，自然是靜。今人都是討靜坐以省事則不可。嘗見李先生説，舊見羅先生説春秋，頗覺不甚好，不知到羅浮靜極後，又理會得如何。是時羅已死。某心常疑之，以今觀之，是如此。蓋心下熱鬧，如何看得道理出，須是靜方看得出。所謂靜坐，只是打疊得心下無事，則道理始出。道理既出，心下愈明靜矣。」

行夫問：「李先生謂常存此心，勿爲事物所勝。」先生答之云云。頃之復曰：「李先生涵養得自是別，真所謂不爲事物所勝者。古人云：終日無疾言遽色。他真箇是如此。尋常人去近處必徐行，出遠處行必稍急。先生出近處也如此，出遠處亦只如此。尋常人叫一人，叫之一二聲不至，則聲必厲。先生叫之不至，聲不加於前也。又如坐處壁間有字，某每常亦須起頭一看。若先生則不然，方其坐時固不看也；若是欲看，則必起就壁下視之。其不爲事物所勝，大率若此。嘗聞先生後生時極豪邁，一飲必數十盃，醉則好馳馬〔一〕，一驟三二十里不廻。後來收得恁地醇粹，所以難及。」

問：「先生所作李先生行狀云：終日危坐，以驗夫喜怒哀樂之前氣象爲如何，而求所謂中者。與伊川之説若不相似。」曰：「這處是舊日下得語太重。今以伊川之語格之，則其下工夫處，亦是有些子偏。只是被李先生静得極了，便自見得是有箇覺處。不似別人，今終日危坐，只是且收斂在此，勝如奔馳。若一向如此，又似坐禪入定。」

淳問：「延平欲於未發之前觀其氣象〔二〕，此與楊氏體驗於未發之前者異同如何〔三〕？」曰：「這箇亦有些病。那體驗字是有箇思量了，便是已發；若觀時恁著意看，便也是已發。」問：「此體驗是著意觀，只恁平常否？」曰：「此亦是以不觀觀之。」

或問：「延平先生何故驗於喜怒哀樂未發之前，而求所謂中？」曰：「只是要見氣象。」陳後之曰〔四〕：「持守良久，亦可見未發氣象。」曰：「延平即是此意。若一向這裏，又差從釋氏去。」

李先生云：「看聖賢言語，但一踔看過便見道理者，却是真意思。纔著心去看〔五〕，便蹉過了多。」

道喪千載，兩程勃興。有的其緒，龜山是承。龜山之南，道則與俱。有覺其徒，望門以趨。惟時豫章，傳得其宗。一簞一瓢，凛然高風。猗歟先生，果自得師〔六〕。身世兩忘，惟道是資。精義造約，窮深極微。凍解冰釋，發於天機。乾端坤倪，鬼秘神彰。風霆之變，日月之光。爰暨山川，草木昆蟲。人倫之正，王道之中。一以貫之，其外無餘。縷析毫差，其分則殊。體用混圓，隱顯昭融。萬變並酬，浮雲太空。仁孝友弟，灑落誠明。清通和樂，展也大成。婆娑丘林，世莫我知。優哉游哉，卒歲以嬉。迨其季年，德盛道尊。有來摳衣，發其蔽昏。侯伯聞風，擁篲以迎。大本大經，是度是程。税駕云初，講議有端。疾病乘之，醫窮技殫。嗚呼先生，而止於斯！命之不融，誰實尸之？合散屈伸，消息滿虚。廓然大公，與化爲徒。古今一息，曷計短長？物我一身，孰爲窮通？嗟惟聖學，不絶如綫。先生得之，既厚以全。進未獲施，退未及傳。殉身以没，孰云非天！熹也小生，丱角趨拜。恭惟先君，實共源派。誾誾侃侃，斂衽推先。冰壺秋月，謂公則然。施及後人，敢渝斯志。從游十年，誘掖諄至。春山朝榮，秋堂夜空。即事即理，無幽不窮。相期日深，見勵彌切。蹇步方休，鞭繩已掣。安車暑行，過我衡門。返旆相遭，涼秋已分。熹於此時，適有命召。問所宜言，反覆教詔。最後有言：「吾子勉之。凡兹衆理，子所自知。奉以周旋，幸不失墜。」歸裝朝嚴，訃音夕至。失聲長號，淚落懸泉。何意斯言，而訣終天！病不舉扶，没不飯含。奔走後人，死有餘憾。儀刑永隔，卒業無期。墜緒茫茫，孰知我悲？伏哭柩前，奉奠以贄。不亡者存，鑒此誠意。祭文。

先生諱侗，字愿中，姓李氏，南劍州劍浦人。曾祖諱幹，屯田郎中致仕，贈金紫光禄大夫。妣清源郡太夫人朱氏。祖諱纁，朝散大夫，贈中奉大夫。妣永嘉郡太君胡氏、咸寧郡太君朱氏。父諱渙，朝奉郎，贈右朝議大夫。妣太恭人饒氏。先生，朝議公之季子也〔七〕。生有異稟，幼而穎悟，少長，孝友謹篤。朝議公、太恭人特所鍾愛。既冠，遊鄉校有聲稱。已而聞郡人羅仲素先生得河雒之學於龜山楊文靖公之門，遂往學焉。羅公清介絶俗，雖里人鮮克知之。見先生從遊受業，或頗非笑，先生若不聞。從之累年，受春秋、中庸、語、孟之説，從容潛玩，有會於心，盡得其所傳之奥。羅公少然可，亟稱許焉。於是退而屏居山田，結茅水竹之間，謝絶世故餘四十年，簞瓢屢空，怡然自適。中間郡將學官，聞其名而招致之，或遣子弟從游受學，州郡士子有以矜式焉。晚以二子舉進士，試吏旁郡，更請迎養，先生不得已爲一行。自建安如鉛山，訪外家兄弟於昭武，過其門弟子、故人於武夷潭溪之上，徜徉而歸。會閩帥玉山汪公以書禮車乘來迎，蓋將相與講所疑焉，先生因往見之。至之日，疾作，遂卒於府治之館舍。是年七十有一矣，隆興元年十月十有五日也。汪公爲遣參議官王君伯序、觀察推官謝公倣護喪事，躬視棺斂，禮意喪具無不周悉。居數日，諸子畢至，遂以喪歸。先生娶同郡吴氏，子男三人：友直，左修職郎，信州鉛山縣尉；信甫，左修職郎，建寧府建安縣主簿；友聞，未仕。女一人，早亡。孫男四人，女八人，皆幼。〔八〕初，龜山先生倡道東南，士之游其門者甚衆，然語其潛思力行、任重詣極如羅公，蓋一人而已。先生既從之學，講誦之餘，危坐終日，以驗夫喜怒哀樂未發之前氣象爲如何，而求所謂中者。若是者蓋久之，而知天下之大本真有在乎是也。蓋天下之理無不由是而出，既得其本，則凡出於此者，雖品節萬殊，曲折萬變，莫不該攝洞貫，以次融釋而各有條理，如川流脈絡之不可亂。大而天地之所以高厚，細而品彙之所以化育，以至於經訓之微言，日用之小物，折之於此，無一不得其衷焉。由是操存益固，涵養益熟，精明純一，觸處洞然，泛應曲酬，發必中節。故其事親誠孝，左右無違。仲兄性剛多忤，先生事之致誠盡敬，更得其懽心焉。閨門内外，夷愉肅穆，若無人聲，而衆事自理。與族姻舊故，恩意篤厚，久而不忘。生事素薄，然處之有道，量入爲出，賓祭謹飭，租賦必爲鄰里先。親戚或貧不能婚嫁，爲之經理，節衣食以賑助之。與鄉人處，食飲言笑，終日油油如也。年長者，事之盡禮；少者、賤者，接之各盡其道。以故鄉人愛敬，暴悍化服。其接後學答問，窮晝夜不倦，隨人淺深，誘之各不同，而要以反身自得而可以入於聖賢之域。故其言曰：「學問之道不在多言，但默坐澄心，體認天理。若見雖一毫私欲之發，亦退聽矣。久久用力於此，庶幾漸明，講學始有力耳。」

又嘗曰：「學者之病，在於未有灑然冰解凍釋處，縱有力持守，不過苟免顯然悔尤而已。若此者，恐未足道也。」又嘗曰：「今人之學與古人異。如孔門諸子，羣居終日，交相切磨，又得夫子爲之依歸，日用之間，觀感而化者多矣。恐於融釋而脱落處，非言説所及也。不然，子貢何以言『夫子之言性與天道不可得而聞也』耶？」嘗以黄太史稱濂溪周夫子胸中灑落如光風霽月云者，爲善形容有道者氣象。嘗諷誦之，而顧謂學者曰：「存此於胸中，庶幾遇事廓然，而義理少進矣。」其語中庸曰：「聖門之傳是書，其所以開悟後學，無遺策矣。然所謂喜怒哀樂未發之謂中者，又一篇之指要也。若徒記誦而已，則亦奚以爲哉！必也體之於身，實見是理，若顔子之歎，卓然見其爲一物而不違乎心目之間也。然後擴充而往，無所不通，則庶乎其可以言中庸矣。」其語春秋曰：「春秋一事各是發明一例，如觀山水，徙步而形勢不同，不可拘以一法。然所以難言者，蓋以常人之心推測聖人，未到聖人灑然處，豈能無失邪？」其於語、孟他經，無不貫達。苟有疑問，答之必極其趣，然語之而不惰者或寡矣。蓋嘗曰：「讀書者知其所言莫非吾事，而即吾身以求之，則凡聖賢所至而吾所未至者，皆可勉而進矣。若直以文字求之，悦其詞義以資誦説，其不爲玩物喪志者幾希。」以故未嘗爲講解文書，然其辨析精微，毫釐畢察。嘗語問者曰：「講學切在深潛縝密，然後氣味深長，蹊徑不差。若概以理一而不察乎其分之殊，此學者所以流於疑似亂真之説而不自知也。」其開端示人，大要類此。先生姿禀勁特，氣節豪邁，而充養完粹，無復圭角，精純之氣，達於面目，色温言厲，神定氣和。語默動静，端詳閑泰，自然之中，若有成法。平居恂恂，於事若無甚可否。及其酬酢事變，斷以義理，則有截然不可犯者。蚤歲聞道，即棄場屋，超然遠引，若無意於當世。然憂時論事，感激動人。其語治道，必以明天理、正人心、崇節義、厲廉耻爲先。本末備具，可舉而行，非特空言而已。異端之學，無所入於其心，然一聞其説，則知其詖淫邪遁之所以然者。蓋辯之於錙銖眇忽之間，而儒釋之邪正分矣。熹先君子與先生爲同門友，雅敬重焉。嘗與沙縣鄧迪天啓語及先生，鄧曰：「愿中如冰壺秋月，瑩徹無瑕，非吾曹所及。」先君子深以爲知言，亟稱道之。其後熹獲從先生遊，每一去而復來，則所聞必益超絶。蓋其上達不已，日新如此。嗚呼！若先生之道德純備，學術通明，求之當世，殆絶倫比。然不求知於世而已，未嘗輕以語人，故上之人既莫之知，而學者亦莫之識。是以進不獲施之於時，退未及傳之於後。而先生方且玩其所安樂者於畎畝之中，悠然不知老之將至。蓋所謂「依乎中庸，遯世不見知而不悔」者，先生庶幾焉。比年以來，學者始益親，而方伯連帥之賢者，又樂聞其道而邀致之，其意豈徒然哉！不幸天喪斯文，而先生没矣，龜山之所聞於程夫子而授之羅公者，至是而不得其傳矣。嗚呼痛哉！諸孤方謀窀穸之事，謂熹承學之久，宜知先生之藴，使具其事以請銘於作者，將勒諸幽堂，以告後世知德者有以考焉。熹愚不肖，蒙被教育不爲不久，聽其言、觀其行而服膺焉不爲不詳，然未能有以得其遠者大者，故悉取凡聞見所及一二書之。詞若繁而不敢殺者，蓋有待於筆削云耳。謹狀。〔九〕

行狀。

注釋

〔一〕醉則好馳馬：原校云「元本無醉字」。

〔二〕延平欲於未發之前觀其氣象：「前」，原作「時」，據明本、正誼堂本改。

〔三〕此與楊氏體驗於未發之前者異同如何：原校云「元本無驗字」。

〔四〕陳後之曰：原校云「元本無陳字」。

〔五〕纔著心去看：原校云「元本無看字」。

〔六〕果自得師：「果」，今存朱熹文集諸本皆作「早」。

〔七〕自「南劍州」以下至「公之季子也」八十六字，明本無。

〔八〕自「中間郡將學官」以下至「皆幼」二百四十三字，明本無。

〔九〕自「嗚呼痛哉」以下至「謹狀」一百一十七字，明本無。

二　延平答問補録

周木輯

李先生云：「舜之所以能使瞽叟底豫者，盡事親之道，其爲子職，不見父母之非而已。昔羅先生語此云：『只爲天下無不是底父母。』」豫章集。

「不以道得，富貴不處，不以道得，貧賤不去，是説處這事。君子去仁，惡乎成名，是主宰處。終食、造次、顛沛，是操存處。」李先生説得好。語類。後並同。

舊曾問李先生顏子非助我者處，李先生云：「顏子於聖人根本有默契處，不假枝葉之助也。如子夏，乃枝葉之助。」

問：「灑掃應對是其然，必有所以然者，如何？」曰：「所以然者，亦只是理也。惟窮理則自知其皆一致。此理惟延平之説在或問「格物」中。與伊川差合，雖不顯言其窮理，而皆體此意。」

李先生云：「盡心者，如孟子見齊王，問樂則便對云云，言貨色則便對云云。每遇一事，便有以處置將去，此是盡心。」舊時不之曉，蓋此乃盡心之效如此。得此本然之心，則皆推得去無窮也。如「見牛未見羊」説，苟見羊，則亦便是此心矣。

通書言：「通微，無不通。」李先生曰：「梁惠王説好色，孟子便如此説；説好貨，便如此説；説好勇，便如此説；皆有個道理，便説將去。此是盡心道理。」當時不曉，今乃知是「無不通」底道理。

問：「敬鬼神而遠之，則亦是言有。但當敬而遠之，自盡其道，便不相關。」「嘗以此理問李先生，曰：『此處不須理會。』」

問五十知天命。曰：「知之者，須是知得箇模樣形體如何。熹舊見李先生云：『且靜坐體認作何形象。』」

吾與回言終日章，集注載李先生之説甚分明。

問：「李先生謂顏子於聖人體段已具。『體段』二字，莫只是言個模樣否？」曰：「然。」

或問「民可使由之，不可使知之」。嘗舉問李先生曰：「頃年張子韶論當事親，便要體認取箇仁；當事兄，便要體認取箇義。如此，則事親事兄却是没緊要底事，且姑借此來體認取箇仁義耳。」李先生笑曰：「不易，公看得好。」

孟子養氣一章，李先生曰：「配是襯貼起來。」又曰：「若説道襯貼，却是兩物。氣與道義，只是一衮發出來。」後來思之，一衮發出來，説得道理好。襯貼字却説得配字極親切。

「必有事焉而勿正，心勿忘，勿助長」，熹舊日理會道理，亦有此病。後見李先生説，令去聖經中求義，遂刻意經學，推見實理，始信前日諸人之誤也。

李先生説一步是一步。如説「仁者其言也訒」，熹當時爲之語云：「聖人如天覆萬物云云。」李曰：「不要如是廣説，須窮『其言也訒』前頭如何，要得一進步處。」

「『必有事焉』，由此可至『君子三變』；『改過遷善』，由此可至『所過者化』。」李先生説。

胡氏春秋文八年記公孫敖事云：「色出於性，淫出於氣。」其説原於上蔡，此殊分得不是。李先生嘗論公孫敖事，只如京師不至而復，便是大不恭。魯亦不再使人往，便是罪。如此解之，於經文甚當，蓋經初無從己氏之説。

李先生言：「羅仲素春秋説不及文定。蓋文定才大，設張羅落者大。」

舊見李先生云：「初問羅先生學春秋，覺説得自好。後看胡文定春秋，方知其説有未安處。」又云：「不知後來到羅浮山中靜極後，見得又如何。」

李先生説：「今日習春秋者，皆令各習一傳，並習注解，只得依其説，不可臆説。」

橫渠語云：「一故神，兩故化。」李先生説云：「舊理會此段不得，終夜椅上坐思量，以身去裏面體，方見得平穩。每看道理處皆如此。」熹時爲學，雖略理會得，有理會不得處，便也恁地過了。及見李先生後，方知得是恁地下工夫。

李先生云：「心者貫幽明，通有無。」

熹舊見李先生時，説得無限道理，也曾去學禪。李先生云：「汝恁地懸空理會得許多，而面前事却有理會不得。道亦無玄妙，只在日用間著實做工夫處理會，便自見得。」後來方曉得他説，故今日不至無理會耳。

李先生嘗云：「人之念慮，若是於顯然過惡萌動，此却易見易除。却怕於匹似閑底事爆起來，纏繞思念將去，不能除，此尤害事。」

延平先生嘗言：「道理須是日中理會，夜裏却去靜處坐地思量，方始有得。」熹依此説去做，真箇是不同。

李先生云：「書不要點，看得更好。」

李先生云：「事雖紛紜，須還我處置。」

熹少時亦曾學禪，只李先生極言其不是。後來考究，畢竟佛學無是處。

李先生當時説學，已有許多意思。只爲説「敬」字不分明，所以許多時無捉摸處。

辟佛者皆以義利辨之，此是第二義。及見李先生之言，初亦信未及，且理會學問看如何，後漸見其非。

伊川令吕進伯去了韓安道。李先生云：「此等事須是自信得及，如何教人做得。」

侯先生傳程門語録多未通，胡先生嘗薦之羅。他録作「楊」。後延平先生與相會，頗謂胡先生稱之過當。因言其人輕躁不定，羅先生雖以凜然嚴毅之容與相待，度其頗難之。但云其游程門之久，甚能言程門之事，然於道理未有所見，故其説前後相反，没理會。

李先生説：「陳幾叟輩皆以楊氏中庸不如吕氏。」

上蔡曾有手簡云：「大事未辦。」李先生謂：「不必如此，死而後已，何時是辦？」

李先生嘗云：「人見龜山似不管事，然甚曉事也。」

李先生答汪端明云：「龜山對劉器之言，爲貧。文定代云干木云云，不若龜山之遜避也。」

李先生云：「侯師聖嘗過延平，觀其飲啗，麤疎人也。」

李先生云：「横渠説不須看，非是不是，只是恐先入了費力。」

李先生云：「天下事道理多，如子瞻才智高，或窺得，然其得處便有病也。」

向時諸前輩，每人各是一般説話。後見李先生，較説得有下落，説得較縝密。

「象憂喜亦憂喜」，愚聞之師曰：「兄弟之親，天理人倫，蓋有本然之愛矣。雖有不令之人傲狠鬭鬩於其間，而親愛之本心則有不可得而磨滅者。惟聖人盡性，故能全體此理，雖遭横逆之變，幾殺其身，而此心湛然，不少摇動。」伊川所謂云云。正謂此耳。朱子大全。後並同。

仁字心字，亦須略有分別始得。記得李先生説，孟子言「仁，人心也」，不是將心訓仁字。此説最有味，試思之。

父在觀其志章，至於三年之間，如其非道，固有所斡旋改移於不動聲氣之中者。因以問李先生，先生曰：「此意雖好，但每事用心如此，恐駸駸所失却多。聖人所謂無改者，亦謂尚可通行者耳。若不幸而有必不可行者，則至誠哀痛而改之，亦無可奈何，不必如此回互也。」

吕與叔論「民可使由之」處，意思極好。昔侍李先生，論近世儒佛雜學之弊，因引其説，先生亦深然之。凡百但以此等意思存之，便自平實。

「中庸不可能」，龜山之説乃是佛老緒餘。向見李先生亦自不守此説，又言羅先生、陳幾叟諸人嘗以爲龜山中庸語意枯燥，不若吕與叔之浹洽，此又可見公論之不可揜矣。

熹頃至延平，見李愿中丈，問以「一貫」、「忠恕」之説。見謂忠恕正曾子見處，及門人有問，則亦以其所見諭之而已，豈有二言哉？熹復問以近世儒者之説如何，曰：「如此則道有二致矣，非也。」其言適與卑意不約而合，謾以布聞。李丈名侗，師事羅仲素先生。羅嘗見伊川，後卒業龜山之門，深見稱許，其棄後學久矣。李丈獨深得其閫奥，經學純明，涵養精粹。延平士人甚尊事之，請以爲郡學正。雖不復應舉，而温謙慤厚，人與之處久而不見其涯，鬱然君子人也。先子與之遊數十年，道誼之契甚深。

去年春間，得范伯崇書，問論語數段，其説甚高妙，因以呈李先生。李先生以爲不然，命其慤實做工夫，後來便别。此亦是一格也。

「中和」二字皆道之體用。舊聞李先生論此最詳，後來所見不同，遂不復致思。今乃知其爲人深切，然恨已不能盡記其曲折矣。如云：「人固有無所喜怒哀樂之時，然謂之未發，則不可言無主也。」又云：「致字如致師之致。」又如先言慎獨，然後及中和，此意亦嘗言之。但當時既不領略，後來又不深思，遂成蹉過，孤負此翁耳。

泄柳、申詳，聞李先生説正如是，林説恐非。

熹記頃年汪端明説，沈元用問尹和靖伊川先生易傳何處最切要，尹云：「體用一源，顯微無間，此是最切要處。」後舉似李先生，先生曰：「尹説固好，然須是看得六十四卦、三百八十四爻都有下落處，方始説得此話。若學者未曾子細理會，便與他如此説，豈不誤他？」余聞之悚然，始知前日空言無實，全不濟事，自此讀書益加詳細。

熹自延平逝去，學問無分寸之進，汩汩度日，無朋友之助，未知終何所歸宿。春秋工夫未及下手，而先生棄去。然嘗略聞其一二，以爲春秋一事各是發明一例，如看風水移步換形，但以今人之心求聖人之意，未到聖人灑然處，不能無失耳。此亦可見先生發明之大旨也。

黄公灑落之語，舊見李先生稱之，以爲不易窺測到此。

二程先生集，向見李先生本出龜山家，猶雜以游察院之文。比訪得游集，乃知其誤。以白先生，先生歎息曰：「此書所自來可謂端的，猶有此誤，其他又可盡信邪？」只此便是虚己從善，公平正大之心。

李先生言孔明不如子房之從容，而子房不如孔明之正大。

李先生曰：「凡蹈危者，慮深而獲全；居安者，患生於所忽。此人之常情也。」性理大全。後並同。

李先生曰：「古之德人，言句皆自胸襟流出，非從領頰拾來。如人平居談話，不慮而發。後之學者，譬如鸚鵡學人語言，所不學者則不能耳。」

李先生曰：「受形天地，各有定數。治亂窮通，斷非人力。惟當守吾之正而已。然而愛身明道，修己俟時，則不可一日忘於心，此聖賢傳心之要法。或者放肆自佚，惟責之人，不責之己，非也。」

李先生曰：「羅先生少從審律先生吴國華學，後見龜山，迺知舊學之差，三日驚汗浹背，曰：『幾枉過了一生！』於是謹守龜山之學，數年後方心廣體胖。」

李先生曰：「陰陽之精散，而萬物得之。凡麗於天，附於地，列於天地之兩間，聚有類，分有群，生者、形者、色者莫不分繫於陰陽。」

又曰：「陽以燥爲性，以奇爲數，以剛爲體，其爲氣炎，其爲形圓，浮而明，動而吐，皆物於陽者也。陰以濕爲性，以偶爲數，以柔爲體，其爲氣涼，其爲形方，沈而晦，靜而翕，皆物於陰者也。」

李先生曰：「動靜、真僞、善惡皆對而言之。是世之所謂動靜、真僞、善惡，非性之所謂動靜、真僞、善惡也。惟求靜於未始有動之先，而性之靜可見矣；求真於未始有僞之先，而性之真可見矣；求善於未始有惡之先，而性之善可見矣。」

又曰：「天下之理，無異道也；天下之人，無異性也。性惟不可見，孟子始以善形之。惟能自性而觀，則其致可求，苟自善而觀，則理一而見二。」

李先生曰：「虛一而靜。心方實則物乘之，物乘之則動。心方動則氣乘之，氣乘之則惑。惑斯不一矣，則喜怒哀樂皆不中節矣。」

思索義理到紛亂窒塞處，須是一切掃去，放教胸中空蕩蕩地了，却舉起一看，便自覺得有下落處。向見李先生曾如此説來，今日方真實驗得。

舊見李先生説：「理會文字，須令一件融釋了後，方便理會一件。」「融釋」二字下得極好，此亦伊川所謂「今日格一件，明日又格一件，格得多後，自脱然有貫通處」。此亦是他真曾經歷來，便説得如此分明。今若一件未能融釋，而又理會一件，則第二件又不了。推之萬事，事事不了，何益？

昔見延平説羅先生解春秋也淺，不似胡文定，後來隨人入廣，在羅浮山住三兩年，去那裏心静，須看得較透。熹初疑解春秋，干心静甚事，後來方曉。蓋静則心虚，道理方看得出。

人若著些利害，便不免開口告人，却與不學之人何異？向見李先生説：「若大段排遣不去，只思古人所遭患難有大不可堪者，持以自比，則亦可以少安矣。」始者甚卑其説，以爲何至如此，後來臨事，却覺有得力處，不可忽也。

昔聞延平先生之教，以爲爲學之初，且當常存此心，勿爲他事所勝。凡遇一事，即當且就此事反復推尋，以究其理，待此一事融釋脱落，然後循序少進而别窮一事。如此既久，積累之多，胸中自當有灑然處，非文字言語之所及也。詳味此言，雖其規模之大，條理之密，若不逮於程子，然其工夫之漸次，意味之深切，則有非他説所能及者。惟嘗實用力於此者爲能有以識之，未易以口舌爭也。格庵趙氏曰：程子言「若一事窮未得，且别窮一事」，延平則言「且就一事推尋，待其融釋脱落，然後别窮一事」，其言不同。蓋程子以人心各有明處、有暗處，若就明處推去，則易爲力，非謂一事未窮得而可貳以二、叁以三也。若延平，則專爲不能主一者之戒。大學或問。

羅先生晚就特科，授惠州博羅簿，卒於官，無嗣。族人羅友爲惠州判官，遣人扶護以歸，遇寇竊發，寄菆於郡之開元寺。門人李愿中始爲歸葬於本郡母夫人墳之側。豫章集。後並同。

羅博文云：「延平先生之傳，迺某伯祖仲素先生之道，河洛之學，源流深遠。」陳淵語孟師説跋有曰：孟子「飢者甘食，渴者甘飲」與「人能無以飢渴之害爲心害，則不及人不爲憂矣」，仲素思之累日，疏其義以呈龜山。龜山云：「此説甚善，但更於心害上一著猛省留意，則可以入道矣。」今日李君愿中以其遺書質予，其格言要論自爲一家之書，閱其學益進，誦其言益可喜，信乎自心害而去之也。自仲素之亡，傳此書者絶少，非愿中有志於吾道，其能用心如此之專乎？

李先生少年豪勇，夜醉，馳馬數里而歸。後來養成徐緩，雖行一二三里路，常委蛇緩步，如從容室中也。問：「李先生如何養？」曰：「先生只是潛養思索。」語類。後並同。

李先生行郊外，緩步委蛇，如在室中，不計其遠。嘗隨至人家，才相見，便都看了壁上碑文。先生俟茶罷，便起向壁立看，看了一壁碑，又移步向次壁看，看畢就坐。其所持專一詳緩如此。初性甚急，後來養成，至於是也。

李先生居處有常，不作費力事。所居狹隘，屋宇卑小。及子弟漸長，逐間接起，又接起廳屋。亦有小書室，然甚齊整瀟灑，安物皆有常處。其制行不異於人，亦常爲任希純教授延入學作職事，居常無甚異同，頹如也。真得龜山法門。亦嘗議龜山之失。

李先生不著書，不作文，頹然如一田夫野老。

李先生好看論語，自明而已。謂孟子早是説得好了，使人愛看了也。其居在山間，亦殊無文字看。讀辯正，更愛看春秋左氏。初學於仲素，只看經，後侯師聖來沙縣，羅邀之至，問伊川如何看，云：「亦看左氏。要見曲折，故始看左氏。」

正蒙、知言，李先生極不要人傳寫及看。舊嘗看正蒙，李甚不許。然李終是短於辨論邪正。蓋皆不可無，無之即是少博學詳説工夫也。

李先生不要人强行，須有見得處方行，所謂灑然處。

李先生有爲，只用蠱卦，但有決烈處。

李先生之學，云常在目前，只是戒謹不睹，恐懼不聞，便自然常存。顔子非禮勿視聽言動，正是如此。

侯師聖太麤疎，李延平甚輕之。來延平看親，羅仲素往見之，坐少時不得，只管要行。此亦可見其麤疎處。

李問陳幾叟借得胡文定春秋傳本，用薄紙真謹寫一部，易傳亦然。

熹初師屏山、籍溪，自見於此道，未有所得，乃見延平。

熹赴同安任時，年二十四五矣。始見李先生，曾與他説禪，李先生只説不是，却倒疑李先生理會此未得，再三質問。李先生爲人簡重，却不甚會説，只教看聖賢言語。熹意中道禪亦自在，且將聖人書來讀。日復一日，覺得聖賢言語漸漸有味。回看釋氏之説，漸漸破綻、罅漏百出。

李先生云：「賴天之靈，常在目前。」如此安得不進？蓋李先生爲默坐澄心之學，持守得固。龜山之學，以身體之，以心驗之，從容自得於燕間静一之中。李先生之學，出於龜山，其源流是如此。

李先生教學者於静中看喜怒哀樂未發之氣象爲如何，伊川謂既思即是已發。道夫謂李先生之言主於體認，程先生之言專在涵養，其大要實相表裏。

舊見李先生常説少從師友，幸有所聞，中間無講習之助，幾成廢墜。然賴天之靈，此箇道理只常在心目間，未嘗敢忘，此可見其持守之功矣。然則所見安得而不精，所養安得而不熟邪？朱子大全。後並同。

「學者須常令胸中通透灑落，恐非延平先生本意」，此説甚善。大抵此箇地位乃是見識分明，涵養純熟之效，從真實積累功用中來，不是一旦牽强著力做得。「灑落」兩字本是黃太史語，後來延平先生拈出，亦是且要學者識箇深造自得底氣象，以自考其所得之淺深。

熹蚤從延平李先生學，受中庸之書，求喜怒哀樂未發之旨未達，而先生没。聞張欽夫得衡山胡氏學，則往從而問焉。欽夫告余以所聞，亦未之省也。暇日檢故書，得當時往還書稿一編，題曰中和舊説，獨恨不得奉而質諸李氏之門。然以先生之所已言者推之，知其所未言者其或不遠矣。

熹生十有四年，而先君子棄諸孤，遺命來學於籍溪胡公先生、草堂屏山二劉先生之門。先生飲食教誨之，皆無不至。而屏山獨嘗字而祝之曰：「木晦於根，春容曄敷；人晦於身，神明内腴。」後事延平李公先生，先生所以教熹者，蓋不異乎三先生之説，而其所謂晦者，則猶屏山之志也。

通書者，濂溪夫子之所作也。熹自蚤歲即幸得其遺編，而伏讀之初，蓋茫然不知其所謂，而甚或不能以句。壯歲獲遊延平先生之門，然後始得聞其説之一二。比年以來，潛玩既久，乃若粗有得焉。

羅博文嘗從李願中先生遊，聞河洛所傳之要，多所發明，喟然歎曰：「儒佛之異亡他，公與私之間耳。」熹亦受學於李先生之門，先生爲熹道公之爲人甚詳。於其從辟江淮也，喜而言曰：「張公高明闊大有餘，而宗禮以精密詳練佐之，幕府無過事矣。」時熹未識公也。及先生没，乃獲從公遊，而得其志行之美，然後益信先生爲知人。

往年誤欲作文，近年頗覺非力所及，遂已罷去，不復留情其間，頗覺省事。講學近見延平李先生，始略窺門户。而疾病乘之，未知終得從事於斯否耳。大概此事以涵養本原爲先，講論經旨特以輔此而已。

李先生意，只是要得學者靜中有箇主宰存養處。言行録。後同。

李先生教人，大抵令於靜中體認大本未發時氣象分明，即處事應物，自然中節，此乃龜山門下相傳指訣。

文公强志博見，淩高厲空，自受學於李先生，退然如將弗勝，於是斂華就實，反博歸約。文公年譜。後並同。

文公學靡常師，出入於經傳，泛濫於釋老。自受學於李先生，洞明道要，頓悟異學之非，專精致誠，剖微窮深，晝夜不懈，至忘寢食，而道統之傳始有所歸矣。

文公常言：自見李先生，爲學始就平實，乃知向日從事於釋老之説皆非。

延平於韋齋爲同門友，先生歸自同安，不遠數百里徒步往從之。延平稱之曰：「樂善好義，鮮與倫比。」又曰：「穎悟絶人，力行可畏，其所論難，體認切至。」自是從遊累年，精思實體，而學之所造者益深矣。性理大全。

李先生初見羅先生書曰：侗聞之天下有三本焉：父生之、師教之、君治之，闕其一則本不立。古之聖賢莫不有師，其肄業之勤惰，涉道之淺深，求益之先後，若存若亡，其詳不可得而考。惟洙泗之間，七十二弟子之徒，議論問答，具在方册，有足稽焉，是得夫子而益明也。孟氏之後，道失所傳，枝分派别，自立門户，天下真儒不復見於世。其聚徒成群，所以相傳授者，句讀文義而已耳，謂之大熄焉可也。夫巫醫、樂師、百工之人，其術賤，其能小，猶且莫不有師。儒者之道可以善一身，可以理天下，可以配神明而參變化，一失其傳而無所師，可不爲之大哀邪？恭惟先生鄉丈服膺龜山之講席有年矣，况嘗及伊川先生之門，得不傳於千五百歲之後，性明而修，行完而潔，擴之以廣大，體之以仁恕，精深微妙，各極其至，漢唐諸儒無近似者。至於不言而飲人以和，與人並立而使人化，如春風發物，蓋亦莫知其所以然也。凡讀聖賢之書，粗有識見者，孰不願得授經門下，以質所疑，至於異論之人，固當置而勿論也。侗之愚鄙，欲操祓篲以供掃除，幾年於兹矣，徒以習舉子業，不得服役於門下，先生想不謂其可棄也。且侗之不肖，今日拳拳欲求於先生者，以謂所求有大於利禄也。抑侗聞之，道之可以治心，猶食之充饑、衣之禦寒也。人有迫於饑寒之患者，遑遑焉爲衣食之謀，造次顛沛，未始忘也。至於心之不治，有没世不知慮者，豈愛心不若口體哉？弗思甚矣！然饑而思食，不過乎菽粟之甘；寒而求衣，不過乎綈布之温，道之所可貴，亦不過君臣、父子、夫婦、長幼、朋友之間行之以仁義忠信而已耳。捨此之不務，而必求夫誣詭譎怪，可以駭人耳目者而學之，是猶饑寒切身者，不知菽粟綈布之爲美，而必期乎珍異侈美之奉焉，求之難得，享之難安，終安必亡而已矣。侗不量資質之陋，妄意於此，徒以祖父以儒學起家，不忍墜箕裘之業，孳孳矻矻爲利禄之學，兩終星紀。雖知真儒有作，聞風而起，固不若先生親炙之，得於動静語默之間，目擊而意會也。身爲男子，生在中華，又幸而得聞先生長者之風十年，於今二十有四歲矣，茫乎未有所止。燭理不明而是非無以辯，宅心不廣而喜怒易以摇，操履不完而悔悋多，精神不充而智巧襲，揀焉而不淨，守焉而不敷，朝夕恐懼，不啻猶饑寒切身者求充饑禦寒之具也。不然安敢以不肖之身，爲先生長者之累哉？聖學未有見處，在佛子中有絶嗜欲、捐想念，即無住以生心者，特相與遊，亦足以澄汰滓穢，洗滌垢坌，忘情乾慧，得所休歇，言縱義路，有依倚處，日用之中不無益也。若曰儒者之道可會爲一，所以窮理盡性、治國平天下者，舉積諸此，非自愚則欺也。衆人皆坐侗以此，而不知侗暫引此以爲入道之門也。仰惟先生不言而飲人以和，接物而與之爲春，未占而孚，無有遠邇，此侗所以願受業於門下，以求安身之要。故吾可舍，今我尚存，昔之所趨無塗轍之可留，今之所受無關鍵之能礙，氣質之偏者將隨學而變，染習之久者將隨釋而融。啟之迪之，輔之翼之，使由正路行而心有所舍，則俛焉日有孳孳，死而後已。侗當守此，不敢自棄於門下也。豫章集。後並同。

侗頓首再拜鼎元秘教尊兄座前：侗不見顔範甚久，咫尺時聞動静，深以自慰。梅雨方鬱，伏惟燕居爽塏，頤神尊候萬福。侗塊處山樊，絶無曩昔師友，不聞道義之訓，朝夕兀坐。賴天之靈，尚得以舊學尋繹，以警釋貧憊而已，其他亦何足言。苦於無侣，可以縱步前造齋館，以承近日餘論。臨紙馳情。未間，伏冀順序，爲遠業加衛，以須陞用，至叩至叩。乘便謹上狀，不宣。重午後一日，侗頓首再拜上。

侗向承見喻，舊寫得羅先生遵堯、臺衡二録，欲望頒示一觀。若蒙寄附便來，甚望。蓋兀坐絶無過從，正賴師友之説散胸中憒憒耳。有吾兄昔日唱和佳篇，亦冀不外相示，看畢即上納也。侗再拜。

侗頓首再拜鼎元秘書契舊：昨便中傳示誨幅，並録示盛製，一覩心畫，如見顔角，玩味以還，慰感未易可言。區區欲即嗣狀，竊聆車馬近與日者他適，以故未果於奉書，惟積傾仰耳。秋暑尚熾，遠惟即日以還，慶侍尊候動止萬福。侗塊處山間，絶無過從，賴有經史中古人心跡可以探賾。雖粗能遣釋朝夕，然離群索居，不自知其過者亦多矣，尚何感疏一二於吾兄者邪？忽得不外，損示所志，一一諦思，足見別後造道之深，欽服欽服！侗文采鄙拙，未嘗輒敢發一語，近爲朋遊見迫，有一二小詩，輒不揆録去求教，取笑而已，非敢以報來辱也。便次有以警誨者，千萬勿惜，至懇至懇！咫尺未期會合，且冀勉勵，以赴省闈大敵，行席巍科，爲交遊慶。此外加愛爲禱。七月十四日，侗頓首再拜。

延平先生與羅博文書曰：元晦進學甚力，樂善畏義，吾黨鮮有。晚得此人，商量所疑，甚慰。又曰：此人極穎悟，力行可畏，講學極造其微處。某因此追求有所省，渠所論難處，皆是操戈入室，須從源頭認來，所以好説話。某昔於羅先生得入處，後無朋友，幾放倒了。得渠如此，極有益。渠初從源頭善處下工夫來，故皆就裏面體認。今既論難，見儒者路脈，極能指其差誤之處。自見羅先生來，未見有如此者。又云：此人別無他事，一味潛心於此。初講學時，頗爲道理所縛，今漸能融釋於日用處，一意下工夫。若於此漸熟，則體用合矣。此道理全在日用處熟，若靜處有而動處無，即非矣。文公年譜。

羅先生與陳默堂書曰：承喻，聖道甚微，有能於後生中得一箇半箇，可以與聞於此，庶幾傳者愈廣，吾道不孤，又何難之不易也。從彦聞尊兄此言，尤著意詢訪。近有後生李愿中者，向道甚鋭。曾以書求教，趨向大抵近正，謾録其書並從彦所作小詩呈左右，未知以爲然否？豫章集。後並同。

愿中以書求道甚力，作詩五首以勉其意，然借視聽於聾盲，未知是否。

聖道由來自坦夷，休迷佛學或他歧。死灰槁木渾無用，緣置心官不肯思。學道以思爲上。孟子曰：「心之官則思。」書曰：「思曰睿，睿作聖」，「惟狂克念作聖。」佛法一切反是。

不聞雞犬鬧桑麻，仁宅安居是我家。耕種情田勤禮義，眼前風物任繁華。

今古乾坤共此身，安身須是且安民。臨深履薄緣何事？祇恐操心近矢人。外無聖人之學，申、韓、佛、老皆有書，在決擇也。

彩筆畫空空不染，利刀割水水無痕。人心但得如空水，與物自然無怨恩。吾道當無礙於物。

權門來往絶行縱，一片閑雲過九峰。不似在家貧亦好，水邊林下養疏慵。

陳淵答李先生書云：仲素晦跡求志，人罕知者，吾友獨能自拔流俗而師尊之，其爲識慮，豈淺淺者所能窺測？聖學無窮，得其門者或寡，況堂奧乎？孔子之門，從遊者三千，獨得顔子爲殆庶，又不幸短命，道之難也如此。

又云：自仲素老友之亡，舊學荒廢，無所就正。方兹待盡丘壑，朝廷不知其愚，寘在要地。平生自誑，一旦暴露，想雖如吾愿中之恕，恐亦不能揜其惡也。用是日念在朝轉求外補，以畢餘境。尚賴忱誨，洗滌積垢，而來教過奬，何以當之。行親杖屨，遠紙言不能盡。

鼎元教授答李先生書云：仲辰詩甚佳。廖衙字仲辰，羅先生友人也。不謂志趣如此，乃不永年，天於善人何如邪？可歎可歎！遵堯、臺衡二書乃爲八一哥取去，八一哥恐是先生之子，諱敦敘者。可惜忘録。此子近聞其爲絶世也。既趨向異途，存在罔知，但可太息耳。熹向蒙指喻二説，其一已敘次成文，惟義利之説見得未分明，説得不快。今且以泛論時事者代之，大略如前書中之意。到闕萬一得對，畢即録呈也。但義利之説乃儒者第一義，平時豈不講論及此？今欲措辭斷事，而茫然不知所以爲説，無乃此身自坐在裏許而不之察乎？此深可懼者。此間亦未有便，姑留此幅書，以俟附行。若蒙賜教，只以附建寧陳丈處可也。朱子大全。後並同。

挽李先生詩曰：

河洛傳心後，毫釐復易差。淫辭方眩俗，夫子獨名家。本末初無二，存存自不邪。誰知經濟業，零落舊煙霞。

聞道無餘事，窮居不計年。簞瓢渾謾興，風月自悠然。灑落濂溪句，從容洛社篇。平生行樂地，今日但新阡。

歧路方南北，師門數仞高。一言資善誘，十載笑徒勞。斬板今來此，懷經痛所遭。有疑無與析，揮淚首頻搔。

祭延平先生文曰：山頹梁壞，歲月不留。即遠有期，親賓畢會。柳車即飭，薤露懷悲。

生榮死哀，孰不摧慕？熹等久依教育，義重恩深。學未傳心，言徒在耳。載瞻繐紼，彌切痛傷。築室三年，莫酬夙志。舉觴一慟，求訣終天。嗚呼哀哉！

竹林精舍告成，欲祀先聖先師。古有釋菜之禮，約而可行。明日，就講堂行禮。宣聖像居中，兖國公顔氏、郕侯曾氏、沂水侯孔氏、鄒國公孟氏西向配北上。並紙牌子。濂溪周先生、東乙。明道程先生、西乙。伊川程先生、東二。康節邵先生、西二。司馬温國文正公、東三。横渠張先生、西三。延平李先生東四。從祀。亦紙牌子。並設於地。先生爲獻官，極其誠意，如或享之。語類。祝文曰：維年月日，後學朱熹敢昭告於先聖至聖文宣王：恭惟道統，遠自羲軒。集厥大成，允屬元聖。述古垂訓，萬世作程。三千其徒，化若時雨。維顔曾氏，傳得其宗。逮思及輿，益以光大。自時厥後，口耳失真。千有餘年，乃曰有繼。周程授受，萬理一源。曰邵曰張，爰及司馬。學雖殊轍，道則同歸。俾我後人，如夜復旦。熹以凡陋，少蒙義方。中靡常師，晚逢有道。載鑽載仰，雖未有聞。賴天之靈，幸無失墜。逮兹退老，同好鼎來。落此一丘，群居伊始。探原推本，敢昧厥初。奠以告虔，尚其昭格。陟降庭止，惠我光明。傳之方來，永永無斁。今以吉日，謹率諸生，恭修釋菜之禮，以先師兖國公顔氏、郕侯曾氏、沂水侯孔氏、鄒國公孟氏配。濂溪周先生、明道程先生、伊川程先生、康節邵先生、横渠張先生、温國司馬文正公、延平李先生從祀。朱子大全。

紹興二十三年癸酉夏，文公時年二十有四，始受學於延平李先生之門。〇二十八年戊寅春，見李先生於延平。〇三十年庚辰冬，又見李先生於延平，寓居舍旁西林院者閲月。〇三十二年壬午春，迎謁李先生於建安，遂與俱歸延平，復寓西林院者幾月。〇隆興元年癸未，將趍召，問今日所宜言於李先生。〇是歲，李先生卒。〇二年甲申正月，往哭李先生於延平，又敘述行狀，請閩帥汪端明志其墓。〇比葬，又往會。〇紹熙五年十二月，竹林精舍告成，釋菜先師孔子，從祀周、程、張、邵、司馬及李先生。文公年譜。

劉將孫跋豫章藁曰：考亭朱氏出延平李氏，延平李氏出豫章羅氏。今朱氏之書滿天下，延平、豫章之遺言緒論未有聞者。將孫一來延平，適兵革之後，慨然求之耆舊間，久乃得延平答問，其詞語渾樸，皆當以三隅反者，且自謂不能發揮以文。又久之，得豫章家集，又非延平比。愚於是益信二先生之所以上接伊洛，而下開考亭者，初不在於言也。豫章集。後並同。

豫章遺藁當以延平先生文集並行，遂決意藏諸書院之古犧洞，庶託永久。

楊棟請謚羅、李二先生，言於朝曰：臣竊見龜山楊文靖公傳之羅先生從彦，羅先生從彦傳之李先生侗。時朱文公篤志講學，求師四方，後見李先生，聞所謂默坐澄心、體認天理之語，脱然知道之大本在乎是也。從遊累年，往復問辯，而卒傳先生之學，由周程而來，其所傳授本末源流不可誣也。陛下嗣登大寶，首宗朱文公之道，以風天下，其門弟子之賢者亦蒙褒表，或賜美謚。然朱文公之學實師乎先生，獨未聞有以推尊其師者。豈以其師著書不多，不若諸人之論述詳而發明廣歟？不然，何隆禮於其弟子，而反遺其師也？夫天下之至善曰師，師道立則善人多，善人多則朝廷正而天下治。且聖賢著述皆非得已，孔子曰：「予欲無言。」孟子曰：「予豈好辯哉？予不得已也。」顔子不著書，實爲亞聖。然而論語必以「堯曰」終篇，孟子末章歷叙堯舜至孔子，而韓愈原道之作所謂以是傳之，必謹擇而明辯者，所以示萬世之公傳，率天下以正道。觀朱文公所稱羅氏曰：「潛思力行、任重詣極，如公一人而已。」其稱李氏曰：「講誦之餘，危坐終日，以驗夫喜怒哀樂未發之前氣象爲如何，而求所謂中者。」若是者，蓋久之而知天下之大本在乎是也。則朱文公所得於李先生，李先生所得於羅先生者，厥或在此，而有出於文字詞義之外者可知矣。欲乞聖慈探聖學之傳，重師道之本，以其所以尊崇朱文公者而推尊其師，等而上之，以及羅氏，各賜美謚，昭示寵褒。豈惟二臣潛德發輝，其道光大，而於損文華以崇德行，正學術以正人心，實非小補。

李侗字愿中，南劍州劍浦人。年二十四，聞郡人羅從彦得河洛之學，遂以書謁之，其略曰：侗聞之，天下有三本焉：父生之，師教之，君治之，闕其一則本不立。古之聖賢莫不有師，其肄業之勤惰，涉道之淺深，求益之先後，若存若亡，其詳不可得而考。惟洙泗之間，七十二弟子之徒，議論問答，具在方册，有足稽焉，是得夫子而益明矣。孟氏之後，道失其傳，枝分派别，自立門户，天下真儒不復見於世。其聚徒成羣，所以相傳授者，句讀文義而已爾，謂之熄焉可也。其惟先生服膺龜山先生之講席有年矣，況嘗及伊川先生之門，得不傳之道於千五百年之後，性明而修，行完而潔，擴之以廣大，體之以仁恕，精深微妙，各極其至，漢唐諸儒無近似者。至於不言而飲人以和，與人並立而使人化，如春風發物，蓋亦莫知其所以然也。凡讀聖賢之書，粗有識見者，孰不願得授經門下，以質所疑，至於異論之人，固當置而勿論也。侗之愚鄙，徒以習舉子業，不得服役於門下，而今日拳拳欲求教者，以謂所求有大於利禄也。抑侗聞之，道可以治心，猶食之充飽，衣之禦寒也。人有迫於飢寒之患者，皇皇焉爲衣食之謀，造次顛沛，未始忘也。至於心之不治，有没世不知慮，豈愛心不若口體哉？弗思甚矣。侗不量資質之陋，徒以祖父以儒學起家，不忍墜箕裘之業，孜孜矻矻爲利禄之學，雖知真儒有作，聞風而起，固不若先生親炙之得於動静語默之間，目擊而意全也。今生二十有四歲，茫乎未有所止，燭理未明而是非無以辨，宅心不廣而喜怒易以摇，操履不完而悔吝多，精神不充而智巧襲，揀焉而不淨，守焉而不敷，朝夕恐懼，不啻如飢寒切身者求充飢禦寒之具也。不然，安敢以不肖之身爲先生之累哉？從之累年，授春秋、中庸、語、孟之説。從彦好静坐，侗退入室中，亦静坐。從彦令静中看喜怒哀樂未發前氣象，而求所謂「中」者，久之，而於天下之理該攝洞貫，以次融釋，各有條序，從彥亟稱許焉。既而退居山田，謝絶世故餘四十年，食飲或不充，而怡然自適。事親孝謹，仲兄性剛多忤，侗事之得其懽心。閨門内外，夷愉肅穆，若無人聲，而衆事自理。親戚有貧不能婚嫁者，則爲經理振助之。與鄉人處，飲食言笑，終日油油如也。其接後學，荅問不倦，雖隨人淺深施教，而必自反身自得始。故其言曰：「學問之道不在多言，但默坐澄心，體認天理。若是，雖一毫私欲之發，亦退聽矣。」又曰：「學者之病，在於未有洒然冰解凍釋處。如孔門諸子，羣居終日，交相切磨，又得夫子爲之依歸，日用之間觀感而化者多矣。恐於融釋而不脱落處，非言説所及也。」又曰：「讀書者知其所言莫非吾事，而即吾身以求之，則凡聖賢所至而吾所未至者，皆可勉而進矣。若直求之文字，以資誦説，其不爲玩物喪志者幾希。」又曰：「講學切在深潛縝密，然後氣味深長，蹊徑不差。若概以理一，而不察其分之殊，此學者所以流於疑似亂真之説而不自知也。」嘗以黄庭堅之稱濂溪周茂叔「胸中灑落，如光風霽月」爲善形容有道者氣象，嘗諷誦之，而顧謂學者存此於胸中，庶幾遇事廓然，而義理少進矣。其語中庸曰：「聖門之傳是書，其所以開悟後學無遺策矣。然所謂『喜怒哀樂未發謂之中』者，又一篇之指要也。若徒記誦而已，則亦奚以爲哉？必也體之於身，實見是理，若顔子之歎，卓然若有所見，而不違乎心目之間，然後擴充而往，無所不通，則庶乎其可以言中庸矣。」其語春秋曰：「春秋一事各是發明一例，如觀山水，徙步而形勢不同，不可拘以一法。然所以難言者，蓋以常人之心推測聖人，未到聖人灑然處，豈能無失耶？」侗既閑居，若無意當世，而傷時憂國，論事感激動人。嘗曰：「今日三綱不振，義利不分。三綱不振，故人心邪僻，不堪任用，是致上下之氣間隔，而中國日衰。義利不分，故自王安石用事，陷溺人心，至今不自知覺。人趨利而不知義，則主勢日孤，人主當於此留意，不然，則是所謂『雖有粟，吾得而食諸』也。」是時，吏部員外郎朱松與侗爲同門友，雅重侗，遣子熹從學，熹卒得其傳。沙縣鄧迪嘗謂松曰：「愿中如冰壺秋月，瑩徹無瑕，非吾曹所及。」松以謂知言。而熹亦稱侗：「姿禀勁特，氣節豪邁，而充養完粹，無復圭角，精純之氣達於面目，色温言厲，神定氣和，語默動靜，端詳閒泰，自然之中若有成法。平日恂恂，於事若無甚可否，及其酬酢事變，斷以義理，則有截然不可犯者。」又謂自從侗學，辭去復來，則所聞益超絶。其上達不已如此。侗子友直、信甫皆舉進士，試吏旁郡，更請迎養。歸道武夷，會閩帥汪應辰以書幣來迎，侗往見之，至之日疾作，遂卒，年七十有一。信甫仕至監察御史，出知衢州，擢廣東、江東憲，以特立不容於朝云。宋史。

至正十九年十一月，江浙行省申據胡瑜牒，嘗謂：文治興隆，宜舉行於曠典；儒先褒美，期激勵於將來。蓋國家化民成俗，莫先於學校。而學校之設，必崇先聖先師之祀者，所以報功而示勸也。我朝崇儒重道之意度越前古，既以加封先聖大成之號，又追崇宋儒周敦頤等封爵，俾從祀廟庭，報功示勸之道，可謂至矣。然有司封論未盡，尚遺先儒楊時等五人未列從祀，遂使盛明之世猶有闕典。惟故宋龍圖閣直學士、謚文靖、龜山先生楊時，親得程門道統之傳，排王氏經義之謬，南渡後朱、張、呂氏之學，其源委脈絡皆出於時者也。故宋處士、延平先生李侗，傳河洛之學以授朱熹，凡集注所引師説，即其講論之旨也。故宋中書舍人、謚文定胡安國，聞道伊洛，志在春秋，纂爲集傳，羽翼正經，明天理而扶世教，有功於聖人之門者也。故宋處士、贈太師、榮國公、謚文正、九峰先生蔡沈，從學朱子，親承指授，著書集傳，發明先儒之所未及，深有功於聖經者也。故宋翰林學士、參知政事、謚文忠、西山先生真德秀，博學窮經，踐履篤實，當時立僞學之禁以固善類，德秀晚出，獨以斯文爲己任，講習躬行，黨禁解而正學明。此五人者，學問接道統之傳，著述發儒先之秘，其功甚大。況科舉取士，已將胡安國春秋、蔡沈尚書集傳表章而尊用之，真德秀大學衍義亦備經筵講讀，是皆有補於國家治道者矣。各人出處，詳見宋史本傳，俱應追錫名爵，從祀先聖廟庭，可以敦厚儒風，激勸後學，宜命禮官討論典禮。如周敦頤等例，聞奏施行，以補闕典，吾道幸甚。本省以其言具咨中書省，仍遣胡瑜赴都投呈。至正二十一年七月，中書判送禮部，行移翰林、集賢、太常三院會議，俱准所言，回呈中書省。二十二年八月，奏准送禮部定擬五先生封爵、謚號，俱贈太師。楊時追封吳國公，李侗追封越國公，胡安國追封楚國公，蔡沈追封建國公，真德秀追封福國公。各給詞頭宣命，遣官差往福建行省，訪問各人子孫給付。如無子孫者，於其故所居鄉里郡縣學，或書院祠堂内安置施行。元史。

南京行人司左司副臣周木謹奏爲崇儒重道事内一件：臣聞從祀之典，凡先儒有功於聖門者，咸與其列，而況得夫聖統之正傳者乎？臣竊見宋儒延平李侗，得傳伊洛道學之妙，徽國文公朱熹實師尊之，講明正學，其有功於聖教甚大。紹熙五年十二月，熹年六十有五，始作滄州精舍，告成釋菜，先師孔子以顔子、曾子、子思、孟子配，以周敦頤、程顥、程頤、張載、邵雍、司馬光及侗七人從祀。時陞祀之典未舉也。先是，淳熙七年三月，熹守南康，申省轉聞，乞陞泗水侯孔鯉於從祀，時不果從。及熹既没，至理宗淳祐元年，以手詔陞敦頤、顥、頤、載及熹於從祀。度宗咸淳元年，幸太學，又陞雍、光於從祀。二年，又陞泗水侯於從祀。悉取熹故事行之，而獨不及於侗焉。當時宰執宜有所請而不聞者，此無他，有其君而無其臣故也。臣竊以爲侗之學，其傳歷有所自，而熹之師亦非侗一人，滄州之祀獨推於侗而不及他者，是必有深意也。厥後熹之門人蔡沈及元儒許衡、吳澄，一則得熹小學讀之，敬信如神明；一則得熹所注大學讀之，即知爲學之要。是沈之與衡與澄皆親炙私淑於熹者也，今亦陞於從祀久矣，況熹自言侗爲義重恩深之師。歷宋於今，未之有請者，此無他，蓋侗之學超然獨得於心性隱微之間，而非言語文字之末，宜人之所不及知者。惟熹得而真知之，故滄州之祀獨與焉，此無足怪者。性與天道，子貢之資，猶不可得而聞也。昔孔子之門，其徒三千，惟顔子終日如愚而獨稱爲好學。然考其驗，則曰「不遷怒貳過」而已，答其問仁，則曰「克己復禮」，然求其目，則曰「非禮勿視聽言動」而已。至於簞瓢陋巷，不改其樂，三月之久，心不違仁。故周子以爲發聖人之藴，教萬世無窮。曾子之學，專用心於内，故動必求諸身，其所傳大學，開端用力，莫先於明德之格物。中庸之書，子思子憂道學之失其傳而作，其用力指要，莫切乎戒慎恐懼，於喜怒哀樂未發之前。孟子之書，只是要正人心，使人存心養性而已，故嘗曰：「學問之道無他，求其放心而已矣。」又引孔子之言曰：「操則存，舍則亡。」七篇之要，無踰於此。故侗於四子之道，發明其義者則見於熹之集注，躬行其實者則散見於宋史侗傳及熹之語類與熹之年譜所載。從遊之詳，文集所載侗之行狀、祭侗之文、挽侗之詩書、周子通書後語文、滄州精舍告先聖文。合而觀之，則侗道學之妙，熹之師傳之益，與侗之有功無功於世教，蓋自有不可掩者。或者以著述少侗，昔胡安國嘗請以程顥從祀，其略曰：顥雖未及著述，而門弟子質疑、請益、答問之語存於世者甚多，是可專以著述爲哉？且聖賢之學，率性而已，侗真得聖人之正學。滄洲之祀，熹嘗尊其位，與敦頤等並列於顔、孟之下矣。而至今不得列於「性惡」荀況之下者，何哉？臣愚不知其所謂也。

臣又聞：熹嘗集侗之言行爲一編，名曰延平答問，歷歲既久，今雖世儒之家多不能有其書。伏覩國朝性理大全、五倫書所采録者，是皆性命道德之言，精純明備，使學者不得見侗之全書，尤爲可惜，是宜世之知侗者少也。伏望陛下敕付大臣，討論故事，加侗封爵，陞祀孔子廟庭。仍詔内閣撿求其書，校正頒行，便於學者傳習，羽翼正學，大明孔子之道於人，使天下之學術一出於正，豈小補哉？臣何幸躬逢其盛。成化二十一年七月　日。

三　延平李先生年譜

文靖李延平先生年譜引

毛念恃編撰

延平之有李先生，亦猶鄒魯之有孟夫子也。東魯之道立極於吾夫子，而孟子爲之大聲疾呼，乃闢百家而一歸我夫子之聖。閩南之道倡始於楊龜山，而先生爲之闡微繼渺，乃衍伊洛而大傳於紫陽之賢，則宜家圭璋、人寶圖書矣。而傳頌寥寥，散見於問答之中者，一覽未即得其要領。今其後人臚列成書，可謂盛矣。而舉先生繼往開來之大指，展卷即得之，未必無待也。念恃乃摘取宋史本傳論次之，依文公行狀、答問之歲月，擇其言尤精要者編爲年譜，庶閩學之源流開卷即悟也。觀先生之勤思大道於早年，諄誨傳人於既耄，則少而不學，老而志怠者，均無以立於天地矣。敬梓之以自勵，亦以勵人云爾。

延平李先生年譜

宋哲宗元祐八年癸酉，先生生於南劍州之劍浦縣。

紹聖元年甲戌，先生二歲。

元符元年戊寅，先生六歲。

徽宗建中靖國元年辛巳，先生九歲。

崇寧元年壬午，先生十歲。

大觀元年丁亥，先生十五歲。

政和元年辛卯，先生十九歲。

按：先生行實云：「先生幼警悟。既冠，遊鄉校有聲。」雖不誌其歲，約在政和初年也。

六年丙申，先生二十四歲。受學於羅豫章先生之門。有初見羅先生書，刻集中。羅先生致書於陳默堂云：「近有後生李愿中者，向道甚鋭，曾以書求教，趨向大抵近正，録其書呈左右。」朱紫陽行實云：「羅公清介絶俗，雖里人鮮克知之。見先生從遊受業，或頗非笑，先生若不問。從之累年，受春秋、中庸、語、孟之説，從容潛玩，有會於心，盡得其所傳之奥。羅公少然可，亟稱許焉。」○甚矣，學道之不易也！羅先生之學得之於龜山，傳伊洛之正。而當年習俗之謬，不知羅先生者多。及先生從之受學，猶相與非笑之。使非先生毅然見道，其不惑於世俗之見者幾希矣。故學貴乎立志，不同於流俗也。

先生於是退而屏居山田，結茅水竹之間，謝絶世故。誌云：「於是不事科舉。」

按：先生生於簪纓之胄，以常情言之，禄利之溺人久矣。乃年甫逾冠而志於絶學，不復縈心世故，真非常人可及。

重和元年戊戌，先生二十六歲。

宣和元年己亥，先生二十七歲。

欽宗靖康元年丙午，先生三十四歲。

高宗建炎元年丁未，先生三十五歲。

紹興元年辛亥，先生三十九歲。

二十三年癸酉，先生六十一歲。朱文公來受業於先生之門。文公云：「先生經學純明，涵養精粹。延平人士甚尊事之，請以爲郡學正。雖不復應舉，而温謙慤厚，人與之處久而不見其涯，鬱然君子人也。先子與之遊數年，道誼之契甚篤。」又曰：「先生終日危坐而神彩精明，略無隤墮之氣。」又曰：「李延平初間也是豪邁底人，到後來也是琢磨之功。在鄉若不異於常人，鄉曲以上底只道他止是善人。他略不與人説，待問了方與説。」又曰：「李先生少年夜醉，馳馬數里而歸。後來養成徐緩，雖行一二里路，常委蛇緩步，如從容室中。嘗隨至人家，才相見，便都看了壁上碑文。先生俟茶罷，起向壁立，看了一壁碑，又移步向次壁看，看畢就坐。其所持專一詳緩如此。初性甚急，後來養成至是也。」

按：先生陶鑄朱夫子，自有一段默識心融，兩人獨喻處。然即朱夫子所記之語觀之，其有道之容千載如見矣。

二十七年丁丑，先生六十五歲。子信甫及友直同登王十朋榜進士。

是年有六月二十六日答朱夫子書，言涵養、存養之事。

二十八年戊寅，先生六十六歲。朱夫子來見先生於延平。有七月十七日與朱夫子書，春秋、論語答問七條。有冬至前二日與朱夫子書，春秋、論語答問十一條。有十一月十三日與朱夫子書，答孟子放心、夜氣之説。

二十九年己卯，先生六十七歲。

是年有六月二十二日、長至後三日與朱夫子兩書。

三十年庚辰，先生六十八歲。朱夫子又見先生於延平。朱夫子曰：「先生居處有常，不作費力事。所居狹隘，屋宇卑小。及子弟漸長，逐間接起，又接起廳屋。亦有小書室，然甚齊整瀟灑，安物皆有常處。其制行不異於人，亦常爲任希純教授延入學作職事，居常無甚異同，頹如也。真得龜山法門。」

是年有五月八日與朱夫子書三則、七月後與朱夫子書八則。

三十一年辛巳，先生六十九歲。

是年有上元日與朱夫子書、二月二十四日與朱夫子書，答問五條；五月二十六日與朱夫子書，答問二條；中元後一日書、八月七日書，答問五條；十月十日書，共三則。

三十二年壬午，先生七十歲。春，朱夫子迎謁先生於建安，遂與俱歸延平。有四月二十二日、六月十一日、七月二十一日、八月九日、十月朔日與朱夫子書，共十一則。是年孝宗即位，文公以封事質正於先生，先生答曰：「今日所以不振，立志不定、事功不成者，正坐此以和議爲名爾。書中論之甚善。見前此赦文中有和議處一條，又有事迫許便宜從事之語，蓋皆持兩端，使人心疑也。要之，斷然不可和。自振頓綱紀，以大義斷之，以示天下向背，立爲國是可爾。此處更可引此。又許便宜從事處，更下數語以曉之，如何？某不能文，不能下筆也。封事中有少疑處，已用紙貼出矣，更詳之。明道云：『治道在於修己、責任、求賢。』封事中此意皆有之矣，甚善甚善！吾儕雖在山野，憂世之心但無所伸爾，亦可早發去爲佳。」

按：先生即不問世故，而紫陽師之。其答問理義精微處，紫陽所編自言言拱璧。而兹與癸未答文公應召之言，皆當世大務，似非儒者所及。乃文公詢之，先生答之。其忠義之意見於文字之中，無非血忱。知先生之學，該内外、兼體用也。

孝宗隆興元年癸未，先生七十一歲。以二子更請迎養，自建安如鉛山。訪外家兄弟於昭武。

是年有五月二十三日、六月十四日、七月十三日與朱夫子書。時文公將趨召，問所宜言者於先生，先生答以三綱不振，義利不分。王安石用事以來，人只趨利而不顧義，故主勢孤。有七月十七日書。朱子首用其説以對。

按：王安石之執拗，今日人人知之矣。當日先生言之，則正學術、定國是之大義也。

是年十月十五日，先生卒於福州。

按：誌：先生遊武夷而歸，福唐守、敷文閣學士汪應辰以書禮來迎，求質所疑。十月，公應聘至福唐。方三日，疾作，卒於府治之館舍。其孫護喪以歸。門人朱紫陽爲狀，福守汪應辰爲誌。至理宗淳祐六年，提刑楊棟爲請謚於朝。七年，賜謚文靖，去先生歿時二十有五年矣。

元至正二年八月，以江浙行省申據胡瑜牒請，咨中書省，奉准禮部定擬爵號，贈太師，封越國公。

明萬曆四十二年甲寅，從閩學臣熊尚文之請，從祀文廟。

大清康熙四十五年丙戌，允學臣沈涵疏，賜御書祠額，曰「靜中氣象」。

四　序跋書目

宋嘉定姑孰刻本延平答問跋

[宋] 趙師夏

延平李先生之學，得之仲素羅先生；羅先生之學，得之龜山楊先生；龜山蓋伊雒之高弟也。李先生不特以得於所傳授者爲學，其心造之妙，蓋有先儒之所未言者。今觀此編與行述之所紀，智者觀之，當見之矣。始我文公朱先生之大人吏部公，與延平先生俱事羅先生，爲道義之交，故文公先生於延平爲通家子。文公幼孤，從屏山劉公學問。及壯，以父執事延平而已，至於論學，蓋未之契，而文公每誦其所聞，延平亦莫之許也。文公領簿同安，反復延平之言，若有所得者，於是盡棄所學而師事焉。則此編所録，蓋同安既歸之後也。文公先生嘗謂師夏曰：「余之始學，亦務爲儱侗宏闊之言，好同而惡異，喜大而恥於小，於延平之言，則以爲何爲多事若是，天下之理一而已，心疑而不服。同安官餘，以延平之言反覆思之，始知其不我欺矣。蓋延平之言曰：『吾儒之學所以異於異端者，理一分殊也。理不患其不一，所難者分殊耳。』此其要也。」今文公先生之言行布滿天下，光明俊偉，毫釐必辨而有以會其同，曲折致詳而有以全其大，所謂「致廣大而盡精微，極高明而道中庸」，本末兼舉，細大不遺。而及門之士，亦各隨其分量，有所依據而篤守，循序而漸進，無憑虛蹈空之失者，實延平先生一言之緒也。世之學者，其尊信文公之道者，則以爲聰明絶世，故其探討之微有不可及。至於不能無疑者，則又以爲其學出於性習之似、得之意好之偏而已，而不知師弟子之間，離合從違之際，其難也如此。嗚呼！此蓋爲千古計也，豈容有一毫曲徇苟合、相爲容悦之意哉！北海王耕道舊讀此書而悦之，攝郡姑孰，取之刊之郡齋，以畀學者，其惠宏矣。師夏贅貳於此，因得述其所聞於後，以告同學者，蓋丙辰夏夜之言也。幸貰其僭。嘉定甲戌三月望日，後學趙師夏謹識。

宋嘉定益昌刻本延平答問跋

[宋] 曹彦約

延平答問一編，始得當塗印本於黄巖趙師夏致道，携度劍閣，以示石照度正周卿，因得周卿所藏臨川鄒非熊宗望録本與麻沙印本，刊其誤而闕其疑，可以傳矣。録本益昌學宫，與四蜀之士共焉。嘉定丙子冬至日，後學曹某謹識。

明弘治周木刻本延平答問序

[明]周　木

延平答問者，子朱子述其師延平李先生答其平日之問，以明其傳之有自也。先生之學得之豫章，豫章得之龜山，龜山實得之於伊洛，伊洛之學則又得於濂溪。其源流之正、授受之真，不啻日月之明、雷霆之震，雖聾瞽之人，有不可掩者。朱子固以豪傑之才、聖賢之質，嘗汎濫於諸家、入出於佛老者，亦既有年。年二十四，爲簿同安，始受學於先生之門，服膺先生之訓，剖微窮深，至忘寢食，而道統之傳始有所歸矣。故嘗曰：「自見李先生，爲學始就平實，乃知向日從事於釋老之説皆非。」又嘗與先生論易，問之，悚然曰：「始知前日空言，全不濟事。」自此讀書益加詳細。先生亦嘗與友人書曰：「元晦進學甚力，所論難處，皆是操戈入室。今既見儒者路脈，一味潛心於此。」端明汪應辰亦云：「元晦師事延平，久益不懈，嘗言每一見而復來，則所聞必益超絶，蓋其上達不已，日新如此。」先生之學雖出於羅、楊，而自得之妙則又青於藍而寒於水，是宜朱子之出其門也。然其學也，妙體用而爲一，合顯微而無二，實斯文之正脈，吾道之的傳，與堯舜禹湯文武周公孔子無異趣者。而末學晚生未窺户牖，有或以著述少之。嗚呼！天地之能不可見，觀之春夏秋冬可見；孔子之能不可見，觀之顔曾思孟可見；先生之能不可見，觀之朱子當見之矣。則朱子之所以得爲朱子，實頼是編以啓之也。木思睹有年，徧求於人而不可得，深愧寡陋，未考元史從祀之詳。成化乙巳，乃復上請於朝，併乞校頒其書，羽翼正學。有司置議，事不果行。既六年，乃得延平郡庠近刻本而讀之，承傳舛訛，益增疑懼。又三年，始求得嘉定間刻本而校正焉，比近本既多後録，而復僭爲補録，以附於後，刻之嚴郡，傳示將來，俾知朱子有得於先生，而先生有功於朱子，誠如雷霆日月之不可掩矣。弘治乙卯夏四月既望，後學琴川周木序。

明正德李習刻本延平問答跋

[明] 李習

紫陽朱夫子受學於老祖文靖公之門，嘗以平日答問要語編録成書，流布天下。惜夫迭經翻刻，字多外訛。近荷琴川周大參公詳校，始復其正。大父仲質公由鄉進士判無爲州，先君天瑞公領南畿鄉薦，拜瑞金令，俱欲刊此，未就。習幸知廣州府幕事，適家居，取周公校正本重新繡梓，與四方學者共之。庶延平垂教之意不泯，朱子尊師之心有在，而先人之願亦得以少遂矣。正德癸酉歲春正月，十四世孫李習拜識。

明萬曆熊尚文刻本延平問答序

［明］熊尚文

語言着脚安所獲，著述全璧□珍之。適承乏校閩，以屬先生鄉井，或有家乘可採。迺兩載博搜，僅得師弟問答及續録中互見一二耳。然問答屬紫陽手編，而黄鍾異叩，節目駸繁，二録又□紫陽引用證可語，恐後學觀者沿流而不知其源，得無令先生顓注之精神湮没不傳乎？不佞用是稍爲編校，首以問條，次及酬答奥義，又次及二録中所摘出之霏玉碎金，彙成一集授梓。庶先生平日所得於豫章，而紫陽氏所藉以演心傳於萬祀者，是集稍覘一斑矣。厲曆己酉春仲月，後學豐城熊尚文書於知本堂。

日本正保刻本延平答問跋

［朝鮮］李　滉

延平李先生挺絶異之資，躬聖學之奥，上承伊洛之傳，下啓考亭之緒，其功盛矣。而不自著述，故其論道講學之言後世罕得聞焉。滉頃來都下，始於天嶺朴希正處得見是書。書凡三篇：曰師弟子答問者，晦庵夫子手編師説也；曰後録者，後人追録晦庵稱道師説并遺文、遺事也；曰補録者，琴川周木所編，所以補後録之未備者也。乃告於希正，圖所以刊行是書者。會清州牧李君剛而以事至京師，希正亟以是囑之。李君亦喜符宿願，既還州，數月功已告完，乃寄書徵跋文於滉。滉自惟懵陋，何敢贅一辭於大賢傳道之書耶？然而是書所以刊行，首末則與有知焉，故不敢固辭而於此又有所感焉。夫晦庵夫子未見先生之前，猶出入釋老之間，及後見先生，爲學始就平實，而卒得夫千載道統之傳。是則凡晦庵之折衷群書，大明斯道於天下者，皆自先生發之。而其授受心法之妙，備載此書。今驟讀其言，平淡質慤若無甚異，而其旨意精深浩博，不可涯涘。推其極也，可謂明並日月，幽參造化。而其用功親切之處，常不離於日用酬酢、動静語默之際，此先生静坐求中之説所以卓然不淪於禪學，而大本達道，靡不該貫者也。嗚呼！周程既往，一再傳而大義已乖，微先生，孰得而反之正乎？發聖人之藴，教萬世無窮者，顔子也，而先生庶幾近之。然則是書之行，其爲後學之惠，宜如何哉？高山仰止，雖未覩冰壺秋月之象，萬古一心，寧不有作興於西林感慨之詩者耶？嘉靖三十三年歲次甲寅秋九月既望，真城李滉謹跋。

滉又按：此書舊本，後録在師弟子答問之前。竊意兩篇皆先生之精藴，雖不可以賓主本末論，然一則當時言語或手札，一則出於追録，其先後次第決不可移易。而所編如此，非中原書本故然也，乃書肆粧帙之人誤而倒換之耳。改置前書，雖不可易言，今既刊行是書，則何可尚仍其誤而莫之釐乎？滉曾以是告於希正、剛而，皆不以爲不可，既從而正之矣。聊識於此，以俟後之君子有所考云爾。滉謹書。

清康熙延平府刻本延平答問序

［清］周元文

竊聞秦漢而降，道統不絶如綫，迨至有宋，二程子發其宗指，朱子集其大成，而聖道以明。程子得楊龜山先生，目之曰：「吾道南矣。」繼之者爲羅仲素先生，又傳而爲李愿中先生，而後有朱子。其間師弟相承，後先繼起，則楊、羅、李三先生實爲傳道之正宗。而三先生皆延平人也，故學者皆稱愿中先生爲李延平。元文守延三年，求先生之遺書，散軼不可卒得。偕其後人再三購求，得延平答問一書，乃朱子之所輯。嘗於集注中稱述之，至云：「默坐體驗，灑然融洽。」蓋其辨晰經書，推見至隱，雖虞廷之精一，孔門之一貫，不是過也。程子曰：「中庸一書，乃孔氏傳授心法。」則是書也，其即紫陽所受之心法歟？元文疏陋，不能闡發其精藴，而幸官於斯土，知理學之所歸，得此書於榛蕪之餘。原板既不可得，而僅存之本已就破碎，不可收拾。懼其湮没不傳，敬付之梓，以俟凡百君子之探索焉，是爲序。時大清康熙丙戌清明日，中憲大夫知延平府金州周元文謹識。

清康熙延平府刻本延平答問跋

［清］鄧　炎

溯昔四賢，道統相續，闡發經傳，固已散見諸書，而答問一編，則李、朱二夫子傳授心法，其講學精奥，洵繼往開來，不容泯没者也。第邇時耑尚帖括，鮮有奉爲典刑，即後裔株守微言，字跡亦復剥落，幾不可繹。適值中憲濟庵周公祖蒞任延津，百廢振興之暇，購求遺書，於卷帙散逸中，獲此尺璧，不啻吉光片羽。爰加讐校，因命剞劂，以廣繙閲，俾道脈統緒復昭焜耀，厥功偉矣。明銅山黄石齋先生有言：「漢唐而下，斗分自縮趨盈，文章自衰趨盛。」今當事培養人才，留心理學，豈非氣運昌明，盛而又盛者哉！炎末學，司鐸南平，固陋寡聞，上仰賢大夫教育之隆，下冀衆學士體認之切，因弁數言於簡末，以詔讀者。延平府南平縣儒學教諭鄧炎謹跋。

清乾隆補刻本延平答問跋

［清］鍾紫幃

余自幼讀書，見朱子大全嘗載有李延平先生條訓，知其發明理道，精切詳明。是朱子雖集羣儒大成，其得於先生之力居多。因憶延平答問一書，乃朱子授受衣鉢，迄今披閱研究，儼接兩賢笑語，不禁喟然曰：「吾道南來，真諦其在斯乎？其在斯乎？」然生平不少概見，何哉？蓋答問之書，非若講章傳注，爲士子諷誦之資，又非若詞賦文章，爲學人謳吟之具，不獨坊肆不知刊行，即藏書之家，亦不多覯，殆幾幾乎斷簡殘編，荒凉滅没也。及余訪道延津，忝居司訓，凡屬先賢苗裔，俱與訂交。得李先生二十一代裔孫元璋者，詢及延平答問之書，舊版雖存於祠後御書閣内，中有散失。予向以不少概見，常深滅没之懼。方憶劍津爲先生發祥之鄉，其人雖往，遺書尚存，學士、大夫諒必家絃户誦，與朱子文集頡頏併著，而竟寥寥焉，是何朱子之書刊刻者甚多，而延平答問獨無人過而問乎？余益滋懼。爰取全書，與李氏藏板詳加檢閱，計其缺略者三十篇。因不惜捐俸，偕其裔孫元璋重鐫補闕。雖不敢自謂絶續有功，其於答問一書，諒不無少補云。乾隆己未孟春月，平川後學鍾紫幃敬跋於南平學署。

清乾隆補刻本延平答問跋

［清］蘇渭生

自龜山得濂洛之傳，而道學之統閩中爲盛。顧上承楊、羅而下開考亭，則延平李先生之功爲甚鉅。世所傳延平答問，皆與朱子相往復之書，實集注淵源所自出。海内學者莫不家置一編，讀其書而想見流風餘韻者也。余筮仕鰲江，不半載，調任南邑，即展謁先生之祠，見其棟宇輝煌，迺乾隆柒年守先生之祠二十一世嫡裔李生騰暉，前爲祠生，向請學憲于公爲之修葺。其祠後御書閣，伊祖夢碧、父一范請前郡守任公刱焉。夫先生之車服、墳宅、祠器、御書，皆騰暉之世承傳奉。求其遺書，而答問一編，板經蠹蝕，暉則爲之刊補，其四賢年譜一集，騰暉以舊本進請道憲滏陽張公序而梓之，以故俱得復爲完書矣。余用是深嘆先生之世澤綿遠，而後人克守先緒，不勝欣且慕焉。三載以來，簿書之餘，輒至祠稍事補葺。續據先生後裔元昇、騰暉以特祠缺祀籲增，余不勝惕焉。考核詳定，俾春秋二享無缺於供。方將欲修先生之墓，搜求先生遺文裒爲一集，而孔道殷繁，碌碌未及。會余奉調東寧，而李生騰暉謂余有功於先生之祠事，序言爲請。夫先生之遺澤，衣被無窮，宰斯土者，理宜欽式，亦何敢以是爲功！惟是附名簡末，實生平私淑之願，且以書尤爲學者之布帛菽粟，不可一日無者也。爰贅數言以爲跋。乾隆拾叁年歲次戊辰長夏，知南平縣事滇南後學蘇渭生拜譔。

清光緒延平府刻本延平答問跋

［清］張其曜

延平答問一書，先儒所授受，實後學之法程，凡以闡明斯道者，無微不顯。板藏郡城李先生祠，歷年既久，蝕闕遂多。其曜忝守是邦，大懼前賢遺訓或致殘失也。因請諸道憲張焕堂觀察，並商南平令范廷玉司馬，籌貲重刊，俾傳不朽，士林之幸，亦守土者之責也。工既竣，用誌數語於此，時爲光緒二年丙子季秋，署延平府知府會稽張其曜謹識。

清光緒延平府刻本延平答問序

［清］廣　敏

粵稽道統相傳，自堯舜禹湯文武周孔，以迄思孟，燦著於羣經。降而下之，荀與楊也，擇焉不精，語焉不詳，道統於是乎少微矣。紫陽出，數百年墜緒忽焉復振，究其淵源，則延平先生所傳也。先生得濂洛正派，即紹洙泗真傳。其學大者罩天地之表，細者入纖毫之內，淵淵乎殆莫測其涯際，然未嘗不備見於答問一書。丁丑歲孟冬，敏巡察是邦，獲快覩焉。紬繹數四，益嘆是書於聖經大有發明。儻研精之士，身體力行，其斧藻至德，琢磨令範，有裨後學豈淺鮮哉！敏不才，於道無所窺見，何敢謬贊一詞！爰誌數語簡端，聊見嚮往之心云爾。光緒五年歲次己卯季冬下澣，分巡延建邵使者廣敏謹識。

清光緒延平府刻本延平答問序

［清］張國正

延平答問者，子朱子輯其師延平李先生平日傳授之言，蓋聖賢之心法也。宋史引鄧迪語，稱先生「如冰壺秋月，瑩澈無瑕」，其氣象可想。先生之學，超然獨得於心性隱微之間，而非語言文字之末，宜人不及知，惟子朱子得以真知之。全書具在，後學何敢更贊一詞！延郡舊板，年久漫漶闕佚。前張小舫太守籌資重刻，板藏郡署，學者得廣其傳。國正承乏其後，幸游大賢之鄉，獲睹遺書，不勝忻慰。因與都人士議修九峯山書院故址，並整治崇仁里瓦口鄉先生墳塋。詢謀僉同，次第畢舉，因嘆流風餘澤，浸灌人心，而此邦風尚之美，有由來矣。豈非守土者之大願哉！謹書顛末，以誌景仰。大清光緒五年歲次己卯，世襲子爵知延平府事古燕張國正謹識。

民國刻本延平答問跋

張立民　劉錫嘏

右據清康熙間吕氏寶誥堂重刻宋白鹿洞朱子遺書本，以張伯行重訂正誼堂全書本參校。寶誥堂本字句偶有訛誤，或沿用俗字，正誼堂本是者，即據以改正，擇其要者列於校記。書名原題延平李先生師弟子答問，門人朱元晦編，今改題延平答問，宋朱熹編。正誼堂本答問分上下二卷，上卷與寶誥堂本答問同，下卷係取答問後録及朱子語類、文集中凡辨論延平之言，舊稱補録者，集合而成。詳所輯録諸語，與答問可相發明。今據正誼堂本刊之，仍用答問補録之名，别爲一卷，列於後録之後。又增録清四庫全書提要、宋史本傳於卷首，附録與羅博文書於卷末，並識數語於後，以便學者尋繹云。張立民、劉錫嘏識。

清康熙正誼堂刻本李延平集序

［清］張伯行

篤學積行之躬，日用尋常，真實爲己，不求知於世，世亦莫知也。然而守其所學，待諸其人，前不忘師傳之所自，後以啓授受之源流，天下後世終有能知之者，其惟延平李先生乎？先生少豪邁，及涵養精粹，終日無疾言遽色，恂恂焉温謙慤厚。當其時，鄉黨稱善人已耳。顧能紹豫章之學，獨深得其閫奥，開道南秘鑰於紫陽，經學純明，答問不倦，雖以集羣儒之成如朱子者，往往親承服教，久而莫見其涯，此其學問本原之地，亦豈鄉黨中人所及知者！先生初見羅豫章，謂欲操祓篲幾年於兹，徒以習舉子業，不得服役門下。及豫章令先生於靜中看喜怒哀樂未發前氣象，而求所謂中者，由是切實體會，道日盛，學日彰，則已無復應舉，陶然自樂，信乎足於中，無待於外，默坐澂心，加功日用，所謂賴天之靈，此道常在心目者也。趙致道曰：「李先生之學，不但得於所授，其心造之妙，實有先儒之所未言者。」誠知先生哉！夫先生與韋齋爲同門友，數十年道誼之契甚深。朱子幼時承遺命，師事籍溪及二劉草堂、屏山，而於先生猶以父執事之也。至誦所聞於先生，先生獨未之許。嗣領簿同安，反復先生言，若有所得，遂徒步往從。蓋其相契合於觀感者深矣。先生不著書，又不喜作文。然讀朱子所編答問，解經精當，析理毫芒，至示學者入道之方，又循循有序，理一分殊，徹始徹終。惟先生以是教人，故紫陽淵源有自，得以大廣其傳。聖學光昌，而道南一脈，衍洛閩之緒於無窮，皆先生貽之也。彼自號著書爲文者，縱累牘盈笥，獨能與先生比烈哉！噫！天下後世尚有未能知先生者，亦徒爲鄉曲中人，而甘自見棄於先生已矣。爰書而爲之序。康熙四十八年己丑孟冬穀旦，儀封後學張伯行書於榕城之正誼堂。

昭德先生郡齋讀書志卷五下附志語録類

［宋］趙希弁

延平先生問答一卷。

右延平先生李侗愿中之語，而晦庵先生所録也。

宋史卷二〇五藝文志四儒家類

朱熹延平師弟子問答一卷。

菉竹堂書目卷一

［明］葉　盛

延平問答一册。

絳雲樓書目卷二

[清]錢謙益

延平答問一卷，又後録一卷。朱子編。王耕道刊於姑孰郡齋，朱門弟子趙師夏識其後，時嘉定甲戌也。蓋開板在朱子下世之後矣。

四庫全書總目卷九二子部儒家類二

延平答問一卷，附録一卷。浙閩總督採進本

宋朱子撰。程子之學，一傳爲楊時，再傳爲羅從彦，又再傳爲李侗。侗字愿中，延平其所居也。侗於朱子爲父執。紹興二十三年，朱子二十四歲，將赴同安主簿任，往見侗於延平，始從受學。紹興三十年冬，同安任滿，再見侗，僅留月餘。又閲四載，而侗殁。計前後相從不過數月，故書札往來問答爲多。後朱子輯而録之，又載其與劉平甫二條，以成是書。朱子門人又取朱子平昔論延平語及祭文、行狀，别爲一卷，題曰附録，明非朱子原本所有也。後侗裔孫葆初别掇拾侗之諸文，增入一卷，改題曰延平文集，且總題曰朱子所編，殊失其舊。今仍録原本，而葆初竄亂之本，別存目於集部焉。

萬卷精華樓藏書記卷七四儒家類二

耿文光

延平答問一卷續録一卷，宋朱子撰。平川鍾氏本。是本刊於乾隆己未，題曰延平李先生師弟子答問，前有鍾紫幃序。西河谷際歧記此書甚詳，因從大儒詩抄中録出，使觀者詳焉。谷氏曰：謹案今本二卷，上卷即原本，下卷則明宏治間琴川周木所補輯，故名補録，非原本所有也。備考今本所載，有嘉定甲戌趙師夏序，稱北海王耕道攝郡姑孰，刻之郡齋。又周木序稱求得嘉定間刻本校正，比近本既多後録，而復僭爲補録附刻。又載康熙丙戌知延平府周元文序、乾隆己未南平儒學鍾紫幃序，乾隆十三年知延平縣滇南蘇渭生序，各皆著其板缺補刻之由。是此書之刻，始於宋嘉定間，但有正編與後録，今校諸翰院所藏底本，即此。其補録則明時始著而合梓之，歷明至今，屢次補刻，即此本也。而今本又附刻楊、羅、李、朱四先生年譜，乃康熙丙午社臺晉陵毛氏念恃所手輯，而裔孫騰輝梓之者也。至延平文集一卷，係其裔孫葆初拾掇而成，與延平答問同題爲朱子所編，殊失其舊。四庫止存其目，世亦未見其本，惟宋詩紀事載詩一首，採自延平府志，其他詩文，未有聞焉。

文光案：延平答問又見於朱子遺書。余家所藏凡三本：一遺書本，一明本，一鍾本。而鍾本爲佳，故著之。四庫全書提要曰：程子之學，一傳爲楊時，再傳爲羅從彦，又再傳爲李侗。侗於朱子爲父執。紹興二十三年，朱子年二十四歲，將赴同安主簿任，往見侗於延平，始從受學。紹興三十年冬，同安任滿，再見侗，僅留月餘。又閲四載，而侗殁。前後相從不過數月，故書札往來問答爲多。後朱子輯而録之，又載其與劉平甫二條，以成是書。朱子門人又取朱子平昔論延平語及祭文、行狀，别爲一卷，題曰附録，非原書所有也。

木犀軒藏書書録卷三子部儒家類

李盛鐸

延平李先生答問後録一卷（宋朱熹輯。補録一卷。明周木輯），明刊本（明正德李習刻本）。

後録有嘉定甲戌（七年・一二一四）趙師夏跋，謂王耕道攝郡姑孰，刊之郡齋。補録爲明周木編。有正德癸酉（八年・一五一三）十四世孫李習刊板跋。附刊成化二十一年（一四八五）南京行人司司副周木請加封爵陞祀廟廷奏疏。

延平答問關鍵詞索引

B

白雲亭　二七　白雲亭　二七　包羞　三九　本體　六〇　本源　三八，四二，五三，六七　比干　四一　變化氣質　一五　冰解　二四　病處　四一，六七　病痛　五六，六五　不居其聖　五四

C

蔡　一一　草木　五三，六〇　陳幾叟　三一　陳　一一　程先生　三九　池畔亭曰濯纓　二七　持守　二二，二四，二九　充擴　六九　舂陵　二六　初

心　二九，五〇　楚　一一　觸處　一〇，五三　春秋　三，四，六，一一，一六
春秋　一一　春秋纂例　一六　村居　二，二一，四四　存養　一，二五，二六，三
二，四九　存主　六一，六二

D

達道　四二　達天德　四九　大本　四二　大段　四，一一，二九，六三，六四
大概　五三，六〇，六一　大率　三，九，二一，二五，二九，四九，七二　大體　六一
大學　二二　道理　三，一一，二六，三一，三二，三七，三八，四五，四九，五一，五二，五
三，五四，五六，五八，六二，六七　道　四，八，一〇，一二，一五，二〇，二九，三九，五七，
六〇，六一，六八，七〇，七一　道體　七，三一　德　八，一四，一五，三九，四二，四
九，五三，五四，五五，六一　鄧　一一　地位　四九，六七　弟子　七，一八，二九，
五四　帝乙　四一　禘　一六，一七　定公　一一　定體　三九，六〇　東坡
四，二〇，四一　凍釋　二四　獨寐榻　二七　端緒　五〇，五三，五六，六〇，六
一，七二

E

二程先生　三八
二氣　四二
二蘇　二六，三五

F

發明　六，一〇，一五，一八，六二
發生　五三
發脱　三七，四二
發用　五三，六〇
分明　五三，六一
分殊　三〇，五三，六〇
封事　五七
佛肸　三九
夫子　五，六，七，八，一〇，一一，一四，一五，一六，一七，二〇，二二，二九，三九，四〇，五四
復卦　四二

G

干禄　八
竿木隨身　三九
工夫　五三，五六，五九，六〇，六一，六六，六七
公山弗擾　三九
公山氏　三九
公　一一
穀　一一
固滯　二八，六七

官命未改　四　歸生　六　「鬼神」　六二　鬼神　一六，一八，四二，六二　龜山　一七，三一，三九，四〇，五三，六〇，六三

H

害理　一一　涵養　一一，二二，六〇，六三，六四，六六，六七　毫髮　二八，三〇，三一，五三　浩然之氣　六一　和靖　三八　和靖先生　四一　和議　五七
橫渠先生　一三，一五　橫渠　一五，四六，六二，六七　胡明仲　四一　胡氏　一一　胡文定　三，一一，六三　胡　一一　渙然冰釋　六七　黃魯直　二六
回　七　會心　三，二二，六二　繪事後素　一〇　渾全　三八　渾然　二七，三〇，三一，三三，五三，五四，六六　渾是道理　五三，五四，六七

J

箕子　四一　集義　六一　己物　一，六〇　幾諫　四　紀侯　一一

記 一六
間斷 四二,五三
建安 五六
解 三一
介甫 四一
進步 二二,二九,三一,五三,六七
進學 二五,五三
精粗 二〇,六〇
精微 七,一四,二〇
敬 六,一九,二二,六一
靖康 二七
境界 五八,六七
靜處 二九,六〇
靜 二五,四二,四八,六二,六五
靜默 六七
靜坐 二五,二九,五二,五三,七二
窘束 四四,五八
糾 一一
九疇 四一

K

客氣 五四
孔門 六,二九
孔子 十五,十八,三九,五四
憒憒 三,二五
廓然 二六,二八,三九

L

勞攘 三三,六五
理道 一一,二二,二八,三二,三五,四二
理會 三〇,三一,三三,五二,六七,六八
理 七,二〇,二二,三二,三九,四一,四二,四五,四六,五

三，六〇，六一，六二
理一分殊 五三，六〇
理一 四二，五三，六〇
禮後 七，一〇
禮記 一六，一七
禮 一一，一二，一三，一六，一八，一九，二三
禮義 一三，一四，二二，四九
立志 二五
厲 一六
濂溪 二六
濂溪詩序 二六
濂溪翁 六二
流動 五三，六〇
劉平甫 七一，七二
魯侯 一四
魯君 一七
魯 一六，一七
呂博士 一六
呂 四九
呂與叔 三一
呂芸閣 四九
論語 五三
羅先生 一八，二五，二六，二九，三一，五六，五七

M

梅花 六三
門弟子 五三
門人 一二，二〇，四〇，五四
孟 二六，三五
孟孫 五
孟武伯 五
孟子 一，六，八，一二，二〇，二二，三一，五三，六〇，六一，六五
勉力 一五，四三
勉强 二二
明達 三九，六二
明道 二五，三四，四〇，五七，六〇
明仲 四一
默識 一〇，五三

N

内外 二〇,五二,六〇

P

沛然 六一

Q

齊 一一,六一 **杞** 一一,一六 **氣** 二二,三八,三三,五三,六〇,六一,六八,七〇 **氣味** 二九,三四,四〇,四九,五九,六三 **氣象** 七,一〇,二二,二三,二五,二六,三〇,三二,三九,四九,五三,五四,五八,六一,六六,六七 **氣質之性** 三八
淺深 一〇,四六 **潛心** 二九,六五 **禽獸** 五三,六〇 **卿相** 六一 **輕看**

三二,四六,六四　情　六〇　情意　二九,三六,四四　頃刻　五三,六〇,六二
窮理　三五　求道　二五,五四　求仁　四一,五三,六七　曲折　一四,三八,四
七,六一　全體　二〇,四九,六三　犬馬之養　六

R

人道　五三,六〇　人物之心　四二　人心　二三　仁　一二,四一,五三,六
〇,六五　仁義　二〇,五三,六〇　仁者　三〇,四一　認取　五三,六一　日
用　一〇,二〇,二九,三一,四五,五九,六〇,六七,七二　日月至焉　二五,三二
融釋　二二,二九,三三,四五　如舊　二,四四,五〇,五八　入道　二〇

S

灑落　三,二二,二五,二六,二八,三一,四五,四七　灑然　九,一一,二四　塞
乎天地　六一　三綱　六八,七〇　三孤　四一　三仁　四一　三先生　四六

上蔡　六〇
上蔡先生　五五
少進　二六，五一
深潛　一〇，四九，六四
神化　六七
生理　五三
生氣　五三
聖人　四，五，六，七，一〇，一一，一五，二〇，三九，四〇，四六，四九，五三，五四，六〇
聖賢　九，二〇，二二，四六
師友　二，二二，四三，五〇
詩　一〇，一四
釋氏　二九，四九，六〇
收攝　四二，五二
庶幾　一一，一八，二一，二二，二六，二八，四一，五一，五三，五六，五八，六〇，七一
私意　一一，三一，六七
私欲　五三，七一
思索　二五，三一，三八，四六
思無邪　一四
四德之元　五三
宋　一一，一六
蘇東坡　一四
睟面盎背　六一
所以然　二二，四五

T

他日　九，一〇，一一，二六，二九，三一，四二，六〇，六一
太極　四二
韜晦　五五，六三，六四
滕　一一
滕子來朝　一一
體段　一〇，二六，三九，五三
體究　五一，六〇，六二，六七，七二
體認　三一，三八，四九，五三，六〇，六一，六二，六五，七一
體用　一二，二〇，三一，三九，五三，六六
天道　二九，四〇，五三

天地之心　四二
天理　五三，六〇，七一，七二
田地　三三，六一
淟汩　二九，五六
條理　一〇，六七
推廣　三〇
推擴　五三
推尋　四二，六〇
脱然　二，二八，五一，六六

W

玩味　三，一〇，五九，六〇
王安石　七〇
妄意　七，二七，六〇
威公二年　一一
威　一一
微子　四一
韋齋記　四九
未發　二五，四二，四九，六〇
文王　六三
文言　六一
文字　二五，三二，四八，四九
吾輩　四，二五，六七
吾儕　三三，五一，五六
吾儒　二九，六七
吾與點也　三四
五常　五三，六八
兀坐　二二，二五，三六

X

蹊徑　四九
西銘　三〇
熹　四，五，六，七，一〇，一一，一三，一八，一九，二〇，三八，三九，四〇，四一，四二，六〇，六一，六二　習氣　三三，五一　喜怒哀樂　二五，四二，四九　夏　一六　夏丈　二九　先儒　一一　顯微無間　二〇，六二　詳味　一三，一七，四七　孝　四，五，六　謝上蔡　五九，六〇，六一，六二　謝上蔡語録　五三　謝氏　一六　謝先生　六〇　心目　二二，五〇　心與氣合　二八，三三，六一　信　一三，六三　性　二二，二九，三八，四〇，四九，五三，六二　性分之内　六〇　胸中　八，一〇，二六，六七　虚明　二二，三九　許止六　學問　四三，五一　學者　一，三，六，一五，二二，二四，二五，二六，三一，三二，三五，三八，四六，五三，六〇，六二，六九　荀子　一六　尋常　三六，四六，六〇，六一　尋求　二九　尋討　五五

Y

言語　七，二九，三一，五九　顔　二七，四〇　顔樂齋　二七　顔子　七，一〇，四二，五三　養口體　六　「養氣」　六一　養氣　三五，六一　養心　二五
養志　六　邀月臺　二七　堯舜　二〇　夜氣　一，二二，二五　葉公　五四

一貫　二〇，二八，四二，六二
一氣之運　六〇
一體　五三，六〇
一以貫之　二〇，五三
一源　二〇，三八，六〇
伊川　八，一一，一五，一六，一七，二二，四九，五三，六〇
伊川先生　三，八，一三，一五，二〇，四二
伊川語録　二五
夷狄　一一，六八，七〇
已發　四二，六〇
亦足以發　七，一〇
易　六一
義理　四，一一
義利　七〇
義　一一，一二，一三，一七，二八，三九，四一，五三，五七，六〇，六一，七〇
殷王　四一
殷　一六，四一
尹和靖　三八，五四
應接　二，三二，五一
應物　三九
潁濱　二六
用力　一，五，二〇，二四，二九，五三，六五，七一
用心　一五，二九
幽明　一六，五三
幽　一六
有礙　三九，五三，六七
有差　二五
有力　一五，二二，二五，三八，五四，六〇，七一
有味　三九，四八
有子　一二
與物同體　三〇，五三
語　二六，三五
語録　六〇
語録　三〇，六七
元晦　九，二二，二五，二八，二九，三九，四二，四九，五四，五五，五六，六〇，六一，六七
元子　四一

Z

傳　一一
曾　四〇
曾子　五，二〇
趙氏　一六
正理　二五，五三，六一
知覺　五一，五二，五三，七〇
知言　六一
至誠　一八，六二
致思　四五，六一
致知　二二
窒礙　三一，四五，六五
滯礙　二五，四七
中國　一一，七〇
中年　五〇，五六
中庸　二〇，四二，四九
中庸解　三一
中庸　一五，三一，六二
忠恕　二〇
仲弓　五三
仲尼　一五，五四
周公　一六
周茂叔　二六，三四
周　一六
紂　四一
燭理　一六
渚宮觀梅寄康侯　六三
著力　一，三八，五三，六〇，七二
著意　三二
子貢　二九
子糾　一一
子路　三九，五四
子思　二〇
子　四，五，六，七，二〇
子夏　七，一〇，四〇
子由　一四
子游　六
子張　八
自得　七，二〇，二二，二三，四三，五一
左傳　一一
左氏　四，一一

參考文獻

古籍

〔漢〕毛亨傳，鄭玄箋，〔唐〕孔穎達疏：毛詩正義，十三經注疏，北京：北京大學出版社，一九九九年。

〔漢〕鄭玄注，〔唐〕孔穎達正義：禮記正義，十三經注疏，上海：上海古籍出版社，二〇〇八年。

〔漢〕孔安國傳，〔唐〕孔穎達正義：尚書正義，十三經注疏，上海：上海古籍出版社，二〇〇七年。

〔漢〕何休解詁，〔唐〕徐彦疏：春秋公羊傳注疏，清嘉慶二十年南昌府學重刊宋本十三經注疏本。

[三國] 何晏注，[宋] 邢昺疏：論語注疏，臺北：鼎文書局，一九七二年。
[三國] 王弼著，[唐] 孔穎達疏：周易正義，十三經注疏，北京：北京大學出版社，二〇〇〇年。
[晉] 杜預注，[唐] 陸德明音義：春秋經傳集解，四部叢刊影宋本。
[晉] 范寧集解，[唐] 楊士勛疏：穀梁傳注疏，清嘉慶二十年南昌府學重刊宋本十三經注疏本。
[梁] 皇侃撰：論語義疏，北京：中華書局，二〇一三年。
[唐] 陸淳撰：春秋集傳纂例，欽定武英殿聚珍版叢書本。
[宋] 周敦頤著：周敦頤集，北京：中華書局，二〇〇九年。
[宋] 張載著：張載集，北京：中華書局，一九七八年。
[宋] 程顥、程頤著：二程集，北京：中華書局，一九八一年。
[宋] 程顥、程頤撰：二程遺書，文淵閣四庫全書本。
[宋] 程顥、程頤撰：二程文集，文淵閣四庫全書本。
[宋] 程頤撰：程氏經說，文淵閣四庫全書本。
[宋] 程頤撰：伊川易傳，元刻本。

[宋]謝良佐撰，朱熹輯：上蔡語録，文淵閣四庫全書本。
[宋]王安石著：王文公文集，上海：上海人民出版社，一九七四年。
[宋]王安石撰：臨川集，四部叢刊影宋本。
[宋]蘇軾撰，[宋]郎曄注：經進東坡文集事略，四部叢刊影宋本。
[宋]蘇轍撰：論語拾遺，明刻本。
[宋]楊時撰：龜山集，文淵閣四庫全書本。
[宋]楊時編：二程粹言，文淵閣四庫全書本。
[宋]羅從彦撰：豫章文集，明刻藍印本。
[宋]余允文撰：尊孟辨，守山閣叢書本。
[宋]胡安國著：春秋胡氏傳，杭州：浙江古籍出版社，二〇一〇年。
[宋]邵博撰：邵氏聞見後録，津逮秘書本。
[宋]王質撰：詩總聞，欽定武英殿聚珍版叢書本。
[宋]李侗撰：李延平集，叢書集成初編，北京：中華書局，一九八五年。
[宋]朱熹撰：四書章句集注，北京：中華書局，二〇一二年。
[宋]朱熹撰：晦庵集，四部叢刊影明嘉靖本。

［宋］朱熹撰，朱傑人、嚴佐之、劉永翔主編：朱子全書（修訂本），上海：上海古籍出版社；合肥：安徽教育出版社，二〇一〇年。

［宋］朱熹撰，朱傑人、嚴佐之、劉永翔主編：朱子全書外編，上海：華東師範大學出版社，二〇一〇年。

［宋］黎靖德編：朱子語類，北京：中華書局，一九八六年。

［金］王若虛著，胡傳志、李定乾校注：滹南遺老集校注，沈陽：遼海出版社，二〇〇六年。

［元］脱脱等撰：宋史，北京：中華書局，一九八五年。

［元］胡炳文著：四書通，欽定四庫全書薈要本。

［清］黄宗羲著：宋元學案，北京：中華書局，一九八六年。

［清］永瑢等編：四庫全書總目，清乾隆武英殿刻本。

［清］孫希旦撰：禮記集解，北京：中華書局，一九八九年。

［清］馬瑞辰撰：毛詩傳箋通釋，北京：中華書局，一九八九年。

［清］王懋竑撰：朱子年譜，文淵閣四庫全書本。

［清］王先謙撰：荀子集解，清光緒刻本。

〔清〕郭慶藩撰：莊子集釋，北京：中華書局，二〇一二年。
〔清〕蘇輿撰：春秋繁露義證，北京：中華書局，一九九二年。
〔清〕李清馥撰：閩中理學淵源考，南京：鳳凰出版社，二〇一一年。
〔清〕徐松輯：宋會要輯稿，稿本。
〔民國〕梁伯蔭修，羅克涵纂：福建省沙縣志，中國方志叢書本。
楊伯峻編著：春秋左傳注，北京：中華書局，二〇一六年。
程俊英、蔣見元著：詩經注析，北京：中華書局，二〇一七年。

專著

張立文著：朱熹思想研究，北京：中國社會科學出版社，一九八一年。
張立文著：宋明理學研究，北京：人民出版社，二〇〇二年。
張立文著：朱熹評傳，長春：長春出版社，二〇〇八年。
范壽康著：朱子及其哲學，北京：中華書局，一九八三年。
侯外廬、邱漢生、張豈之主編：宋明理學史，北京：人民出版社，一九九七年。

嚴佐之著：古籍版本學概論，上海：華東師範大學出版社，一九八九年。
蒙培元著：理學範疇系統，北京：人民出版社，一九八九年。
蒙培元著：朱熹哲學十論，北京：中國人民大學出版社，二〇一〇年。
武夷山朱熹研究中心編：朱熹與閩學淵源，上海：三聯書店上海分店，一九九〇年。
劉述先著：朱子哲學思想的發展與完成，臺北：臺灣學生書局，一九八四年。
馮友蘭著：中國哲學史新編，北京：人民出版社，二〇〇五年。
馮友蘭著：中國哲學史史料學，南京：江蘇教育出版社，二〇〇六年。
馮友蘭著：中國哲學史，重慶：重慶出版社，二〇〇九年。
牟宗三著：心體與性體，上海：上海古籍出版社，一九九九年。
束景南編著：朱熹佚文輯考，南京：江蘇古籍出版社，一九九一年。
束景南著：朱子大傳，北京：商務印書館，二〇〇三年。
束景南著：朱熹研究，北京：人民出版社，二〇〇八年。
束景南著：朱熹年譜長編（增訂本），上海：華東師範大學出版社，二〇一四年。
［日］今關壽麿編撰：宋元明清儒學年表，北京：北京圖書館出版社，二〇〇二年。
陳來著：朱子哲學研究，上海：華東師範大學出版社，二〇〇〇年。

陳來著：宋明理學（第二版），上海：華東師範大學出版社，二〇〇四年。
陳來著：朱子書信編年考證（增訂本），北京：三聯書店，二〇〇七年。
錢穆著：朱子學提綱，北京：三聯書店，二〇〇二年。
錢穆著：宋代理學三書隨劄，北京：三聯書店，二〇〇二年。
錢穆著：朱子新學案，北京：九州出版社，二〇一一年。
何俊著：南宋儒學建構，上海：上海人民出版社，二〇〇四年。
蔡方鹿著：朱熹經學與中國經學，北京：人民出版社，二〇〇四年。
李有兵著：道德與情感——朱熹中和問題研究，北京：中國傳媒大學出版社，二〇〇六年。
王國猛、徐華著：朱熹理學與陸九淵心學，成都：西南交通大學出版社，二〇〇六年。
陳榮捷著：朱子新探索，上海：華東師範大學出版社，二〇〇七年。
陳榮捷著：朱學論集，上海：華東師範大學出版社，二〇〇七年。
王健著：在現實真實與價值真實之間——朱熹思想研究，上海：華東師範大學出版社，二〇〇七年。
郭齊著：朱子學新探，成都：四川大學出版社，二〇〇八年。

［美］田浩著：朱熹的思維世界（增訂版），南京：江蘇人民出版社，二〇〇九年。
［韓］劉承相著：朱子早年思想的歷程，上海：華東師範大學出版社，二〇一〇年。
傅小凡著：朱子與閩學，長沙：嶽麓書社，二〇一〇年。
葛焕禮著：尊經重義：唐代中葉至北宋末年的新春秋學，濟南：山東大學出版社，二〇一一年。
程碧英著：朱子語類詞彙研究，成都：巴蜀書社，二〇一一年。
徐時儀著：朱子語類詞彙研究，上海：上海古籍出版社，二〇一三年。
祁偉著：佛教山居詩研究，北京：商務印書館，二〇一四年。
貢華南著：味與味道，桂林：廣西師範大學出版社，二〇一五年。
顧宏義撰：朱熹師友門人往還書札彙編，上海：上海古籍出版社，二〇一七年。

論文

蔡家和撰：宋儒李延平的理一分殊形上思想與佛學之對照，臺灣華梵大學第六次儒佛會通學術研討會論文集，二〇〇二年七月。

〔韓〕劉承相撰：延平答問流傳過程及其結構之考察，韓國哲學論集第十五輯，二〇〇四年。

沈享民撰：青年朱熹的哲學探索——以延平答問對「理一分殊」的討論爲中心，哲學與文化第三十二卷第七期。

谷繼明撰：玩味與涵泳：宋代解經學的一個重要方法，中國哲學史，二〇一六年第三期。

辭典

羅竹風主編：漢語大詞典，上海：漢語大詞典出版社，一九九五年。

王力主編：王力古漢語字典，北京：中華書局，二〇〇〇年。

方克立主編：中國哲學大辭典，北京：中國社會科學出版社，一九九四年。

慈怡編著：佛光大辭典，北京：北京圖書館出版社，二〇〇四年。

中國佛教文化研究所編：俗語佛源，天津：天津人民出版社，二〇〇八年。

後記

延平答問注釋工作緣於二〇一六至二〇一七學年春季學期筆者在華東師範大學開設的一門碩士生課程「中國古代哲學專題」，在這門課上筆者帶領學生研讀延平答問。爲了訓練學生的文獻工夫，筆者把整個文本分配下去，要求每位選課者各自準備所承擔的文本的查考工作。主要是查考文本當中的人名、地名、術語。同學們都比較認真，較好地完成了任務。筆者想到，這樣的工作對閱讀延平答問的人可能是有用的。事實上，爲哲學史原著做注釋的工作，在國際漢學界非常流行，日本學者在這方面做了突出的貢獻。就筆者熟悉的理學領域而言，附有注釋的經典文本，在中文世界實在是少之又少，以王陽明著作爲例，僅傳習録出過注釋本，一是國内鄧艾民先生做的傳習録注疏，一是海外陳榮捷先生做的傳習録詳注集評。也許人們以爲，理學著作没有注釋的必要，實踐證明，這種認識是錯誤的。瑞士學者耿甯(Iso Kern)就痛感王陽明全集缺少必要的注釋本。爲延平答問提供一個注釋本，這個願望是美好的，但等到真正動手，才發現難度超過了想象。因爲成爲一部真正的書稿，並不是把學生們所做的注釋初稿彙集起來那麼簡單。但召集始作者推倒重來已無可能，那一届的學生已經畢業四散。如果没有以下三位合作者的鼎力相助，這部書稿還不知要拖到何時才能完工，他們是：筆者指導的研究生盧一君，他的同班同學王海巖君，南昌大學畢業的胡泉雨君，胡君的碩士論文就是延平答問研究。他們的細緻、認真、負責，使筆者的初衷得以實現。當然，最終呈現在這裏的成果，一定還有很多不足，期待讀者批評指正。華東師範大學出版社慷慨接受本書出版，責任編輯吕振宇博士積極出謀劃策，在此一併致謝。

方旭東

二〇一九年五月